T0265602

DESTINO BIENESTAR

NUESTROS 35 MEJORES LUGARES
DEL MUNDO DONDE DARSE UN RESPIRO

EDITORIAL JONGLEZ

«Necesito un descanso, ya me conoces, ¿a dónde puedo ir?». Esta es la pregunta que más me hacen, después de cuál es la crema antiarrugas más eficaz del momento. Así que aconsejo a mi peluquero, fanático de los bootcamp (seminarios intensivos) y del sol, que se vaya a un centro holístico vanguardista en Bodrum, a mi mejor amiga y a su marido surfista que hagan un curso de surf y yoga en Taghazout, a mi colega director general, que está agotado, que haga un ayuno exprés en Bretaña y a mi profesora de yoga, que lo ha probado todo, que se vaya a un retiro silencioso en una comunidad secreta de Sri Lanka.

Durante mis años de periodista en Le Figaro, donde dirigí la sección de belleza y bienestar, emprendí viajes personales (sobre todo a Asia y a Estados Unidos) y conocí a gente de todo tipo (expertos, otros periodistas, responsables de prensa, etc.), lo cual me permitió crear la agenda de contactos más valiosa para tomarme un respiro.

Cuando Thomas Jonglez, fundador de la editorial Jonglez, me llamó para proponerme la publicación de una guía especializada, ¡quise inmediatamente escribirla con él! Hoy en día, ¿quién no necesita desconectar para redescubrirse? Thomas me ha chivado lugares aún más secretos e insólitos (son su especialidad). Hemos testado, experimentado y verificado todos los destinos que aquí se desvelan. Hay para todos los estilos –desde el más New Age hasta el más medicalizado, desde el más sencillo al más lujoso–, para todos los presupuestos –de 20 euros por noche a 20 000 euros por semana– y para todos los gustos, detox, deporte, naturaleza, espiritualidad, etc.

Paradójicamente, descubrirás a lo largo de estas páginas que el bienestar no es un destino, sino un camino. Estas vacaciones no consisten en tomar el sol junto a la piscina, sino en aprender, profundizar en uno mismo y (re)descubrir tus propias herramientas. Del mismo modo que he creado retiros de bienestar en formato vídeo para que puedas hacerlo en la intimidad de tu casa, después de probar decenas de retiros en todo el mundo, he intentado incluir a lo largo de estas páginas algunas claves de reflexión más generales. Porque tú también puedes evadirte, cuidarte y encontrarte a ti mismo sin tener que ir al fin del mundo.

¡Disfruta de tu viaje (interior)!

Émilie Veyretout

CONTENIDO

MII AMO

ARIZONA, ESTADOS UNIDOS

MEDITAR
EN EL CORAZÓN DE UN VÓRTICE

Aunque menos conocido y más pequeño (23 habitaciones) y, por lo tanto, más privado que Canyon Ranch o Miraval en Tucson, Mii Amo es el destino de bienestar por excelencia en Arizona. Su nombre procede de una palabra amerindia que significa viaje o búsqueda de un camino: sus distintos programas, de 3, 4, 7 o 10 noches, se llaman de hecho *journeys* (viaje, camino).

Las increíbles rocas rojas de 360° que se hacen ver desde las ventanas de las habitaciones, la piscina, el *spa*... y las instalaciones recién reformadas marcan el tono: estás en uno de los diez vórtices energéticos considerados como los más poderosos del planeta.

+1 844-993-9518 | miiamo.com

¿Has estado alguna vez en un lugar donde has tenido la sensación de que la energía de la Tierra era más intensa? Eso es un vórtice, un lugar donde la energía está más concentrada, es más fuerte que en cualquier otro sitio. Es un lugar propicio para la meditación, la oración y la sanación espiritual.

El Boynton Canyon Vortex le ha dado fama a Sedona y sigue deleitando a los visitantes de Mii Amo.

Cada huésped, cuando llega, se reúne con su guía para crear juntos el paquete de experiencias que necesita, centrado en descubrir su poder interior, con una serie de tratamientos, sesiones de meditación y actividades con todo incluido (calcula 1200 € por noche).

Un vórtice es un lugar donde la energía es más intensa, más fuerte que en otros lugares – es propicio para la meditación, la oración y la sanación espiritual.

El lugar estrella del spa es sin duda alguna la gruta de cristal, un espacio impresionante donde los huéspedes se reúnen para las meditaciones guiadas y otras actividades grupales. Aquí puedes aprender a fijar una intención, experimentar y comunicarte con mayor compasión, crear un árbol de la vida, equilibrar tus chakras, reconectar con el espíritu de la naturaleza, meditar mientras caminas por un jardín en forma de laberinto o admirar el firmamento al anochecer. También puedes recibir masajes (con piedras, *reiki*, en pareja...), recibir clases de deporte, hacer senderismo, fabricar pulseras de cuentas o pintar. En la web encontrarás una serie de lecturas, baños de sonido y meditaciones (gratitud, inspiración, abundancia, dejar ir...) que te permiten seguir con la experiencia Mii Amo, o descubrirla desde tu casa (sección Mii Time, de acceso gratuito).

© KEN HAYDEN PHOTOGRAPHY

EL TEMPLO DEL *NEW AGE* EN CALIFORNIA

En pleno corazón de la California menos «civilizada», el instituto Esalen, que debe su nombre a una tribu de indios que antaño se purificaba en estas tierras bañándose en sus aguas termales sulfuradas, fascina desde los años 60 a generaciones de buscadores de paz interior.

Situado en lo alto de los espectaculares acantilados de Big Sur, a orillas del océano Pacífico, este centro de retiro y estudio, fundado en 1962 por dos jóvenes hippies licenciados en Stanford que querían explorar el potencial humano, se convirtió rápidamente en la meca del desarrollo personal.

Terapia Gestalt, respiración holotrópica, bioenergía, chamanismo, plantas psicodélicas...

Esta investigación vanguardista sobre nuevas terapias, espiritualidad y psiquismo la convirtió en la incubadora new age de América y en un refugio para artistas, intelectuales e investigadores que iban a explorar los misterios de la cosmología chamánica y de la inteligencia extraterrestre.

+1 831 667 3000

esalen.org
info@esalen.org

Esalen ha albergado a la flor y nata de la contracultura, como Bob Dylan, Deepak Chopra o Henry Miller y Anaïs Nin, lo que explica que haya que esperar varios meses para poder reservar un alojamiento.

Este lugar sigue siendo en la actualidad una referencia, un instituto de enseñanza y retiro holístico donde coinciden profesionales y particulares, que ofrece a sus 20 000 visitantes más de 500 talleres al año sobre temas de transformación.

No se permiten cámaras de fotos y la cobertura telefónica e internet son escasos: aunque no figura en el programa, recomiendan encarecidamente una desintoxicación digital.

Habitaciones austeras en forma de un motel bonito de ladrillo (que en su día alojó a los presos que construyeron la carretera), pabellones de madera para los talleres, yurtas diseminadas... Es fácil perderse en las 2000 hectáreas y en la abundancia de actividades que ofrecen: clases de gratitud, *mindfulness*, respiración holotrópica, *reiki*, tantra, círculos de palabras, herboristería, elaboración de cremas, bailes en grupo a la luz de la luna llena, etc., pero también métodos basados en la tecnología e innovaciones neurocientíficas (EFT, EMDR, etc.). El personal pone todo su empeño en recordártelo: incluso en el mundo del bienestar, no hay que ceder al FOMO (*Fear of Missing Out*, el miedo a perderse algo), que es justamente una enorme fuente de ansiedad.

A diferencia de otros centros que animan a «disfrutar del viaje», en Esalen el bienestar es un destino. Vienes para estar más en sintonía contigo mismo, más consciente, más lúcido, más creativo y más eficaz.

Por todas estas razones, y quizás también porque un antiguo ejecutivo de Google es quien lo dirige, hoy en día este lugar es el destino preferido de los ejecutivos de Silicon Valley.

Buddha
Garden

BLUE SPIRIT

COSTA RICA

TRANSFORMACIÓN INTERIOR EN UN ENTORNO EXCEPCIONAL

Con sus bosques primarios, su fauna excepcional y sus playas vírgenes, Costa Rica, pionera en el ámbito de la ecología, a menudo se considera uno de los países más felices y pacíficos del mundo, y es en sí misma un destino de bienestar.

Lugareños y turistas experimentan la «pura vida» (equivale a todo está bien) gracias a un estilo de vida más que sano, a una alimentación en sintonía con la naturaleza y a una inmersión constante en los elementos. Además de las actividades al aire libre habituales –caminatas en la selva, rafting en aguas bravas o yoga al atardecer–, algunos hoteles ofrecen programas holísticos avanzados.

+506 2656 8300

bluespiritcostarica.com
info@bluespiritcostarica.com

Es el caso de Blue Spirit, un establecimiento vibrante de energía, ubicado en una colina con vistas al océano Pacífico y a una playa de arena blanca protegida por ser un refugio para tortugas.

El entorno es extraordinario para cualquiera que se dedique al desarrollo personal y busque una vida más alineada con el mundo natural, como el fundador Stephan Rechtschaffen, doctor en medicina, y su pareja Annette Knopp, sanadora y terapeuta especialista en trauma, que crearon este retiro para la transformación espiritual.

La península de Nicoya es una de las cinco regiones del mundo (junto con Cerdeña, la isla griega de Icaria, Okinawa en Japón y Loma Linda en California) donde la gente es más longeva que en cualquier otro lugar del planeta.

Sus retiros de yoga, meditación y canto extático (con artistas de renombre como Krishna Das, Deva Primal o Miten, invitados habituales) y sus «semanas intensivas» (*mindfulness*, escritura terapéutica, ensoñación, nutrición viva...) atraen tanto a profesionales de larga trayectoria como a neófitos en busca de una vida mejor.

Los programas suelen durar siete días, las temáticas se anuncian con antelación en la web y la variedad de habitaciones –desde tiendas a cabañas y suites– se adaptan a todos los bolsillos.

Una cocina exclusivamente vegetariana y un spa holístico (*reiki*, masaje abdominal Chi Nei Tsang de los órganos internos, armonización de los chakras...) completan la experiencia.

FINCA VICTORIA

ISLA DE VIEQUES, PUERTO RICO - ANTILLAS

ENCONTRAR EL EQUILIBRIO EN UNA FINCA EN PUERTO RICO

Cerca de la isla principal de Puerto Rico, en el Caribe, la isla de Vieques ha cobrado nueva vida con la transformación del hotel Finca Victoria en un centro de retiro ayurvédico en el que no faltan los bungalós de madera, una vegetación excepcional, atardeceres de postal y una Vía Láctea resplandeciente por la noche (aquí la contaminación visual es casi inexistente).

finca-victoria.com

info@lafinca.com

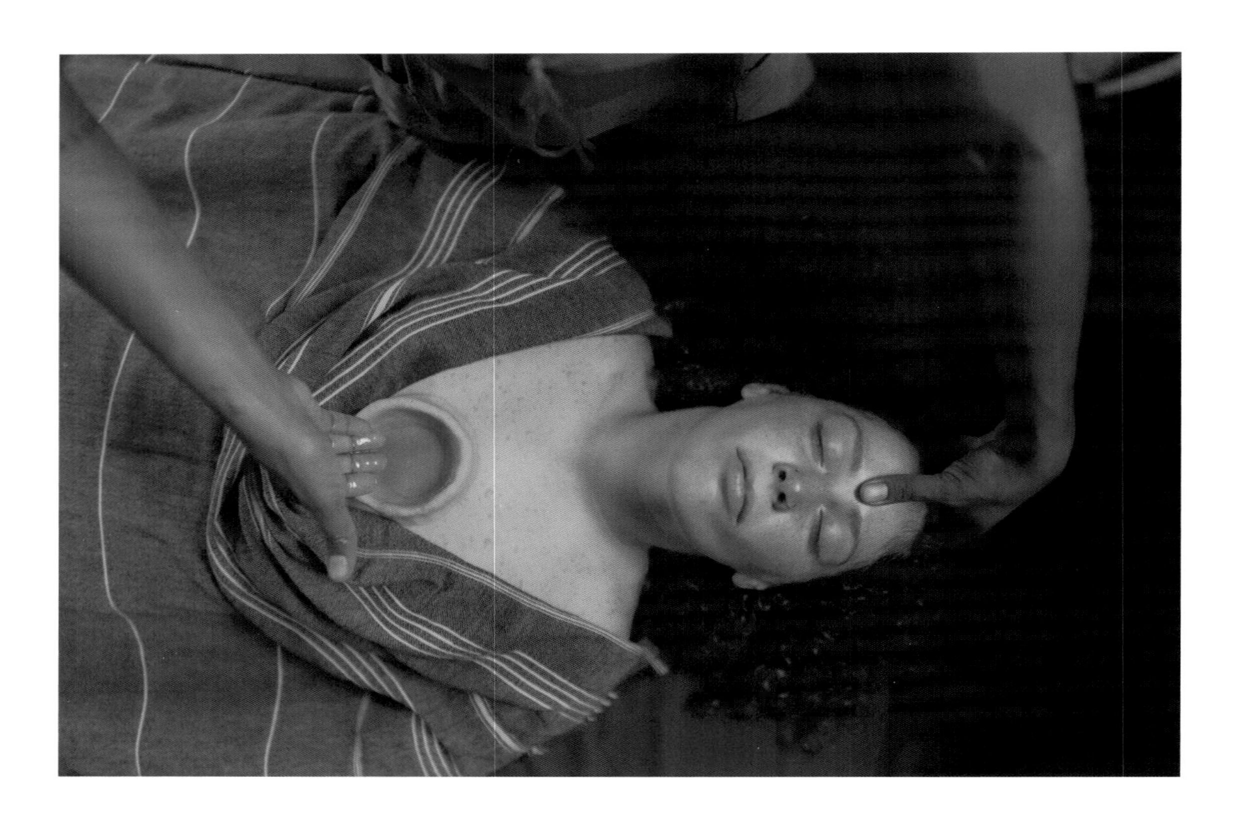

Solo faltaba un programa de bienestar digno de ese nombre para hacer de esta encantadora isla situada al sureste de Puerto Rico un destino ideal para reponer cuerpo, mente y alma. El día empieza con café o té en la cama, una clase de yoga matinal gratuita seguida de un desayuno vegano y ayurvédico fresco antes de un tratamiento o simplemente un chapuzón en la piscina de agua dulce. Las habitaciones son todas diferentes, más bien minimalistas (elige una *suite* en el árbol para disfrutar de unas vistas excepcionales). Todas están equipadas con una hamaca, no solo por razones de diseño: está demostrado que el balanceo de la hamaca, además de aliviar los puntos de presión en la columna vertebral, tiene un efecto calmante sobre el sistema nervioso, reduciendo los niveles de cortisol, la hormona del estrés.

El menú del spa de la Finca Victoria cambia con las estaciones y los huéspedes –normalmente profesores de Estados Unidos– que organizan estancias aquí: terapias ayurvédicas, masajes con plantas autóctonas, medicina china, *Janzu* (terapia acuática), *mindfulness*, retiros de yoga, etc.

Una vez al mes, el establecimiento dedica una semana a su cura de desintoxicación Panchakarma, en la que un grupo de personas se compromete, al mismo tiempo, con un programa de purificación basado en el ayurveda, el yoga y los círculos de conversación. La energía colectiva que surge multiplica por diez los efectos individuales. Por algo, en las civilizaciones antiguas, la gente se cuidaba en comunidad.

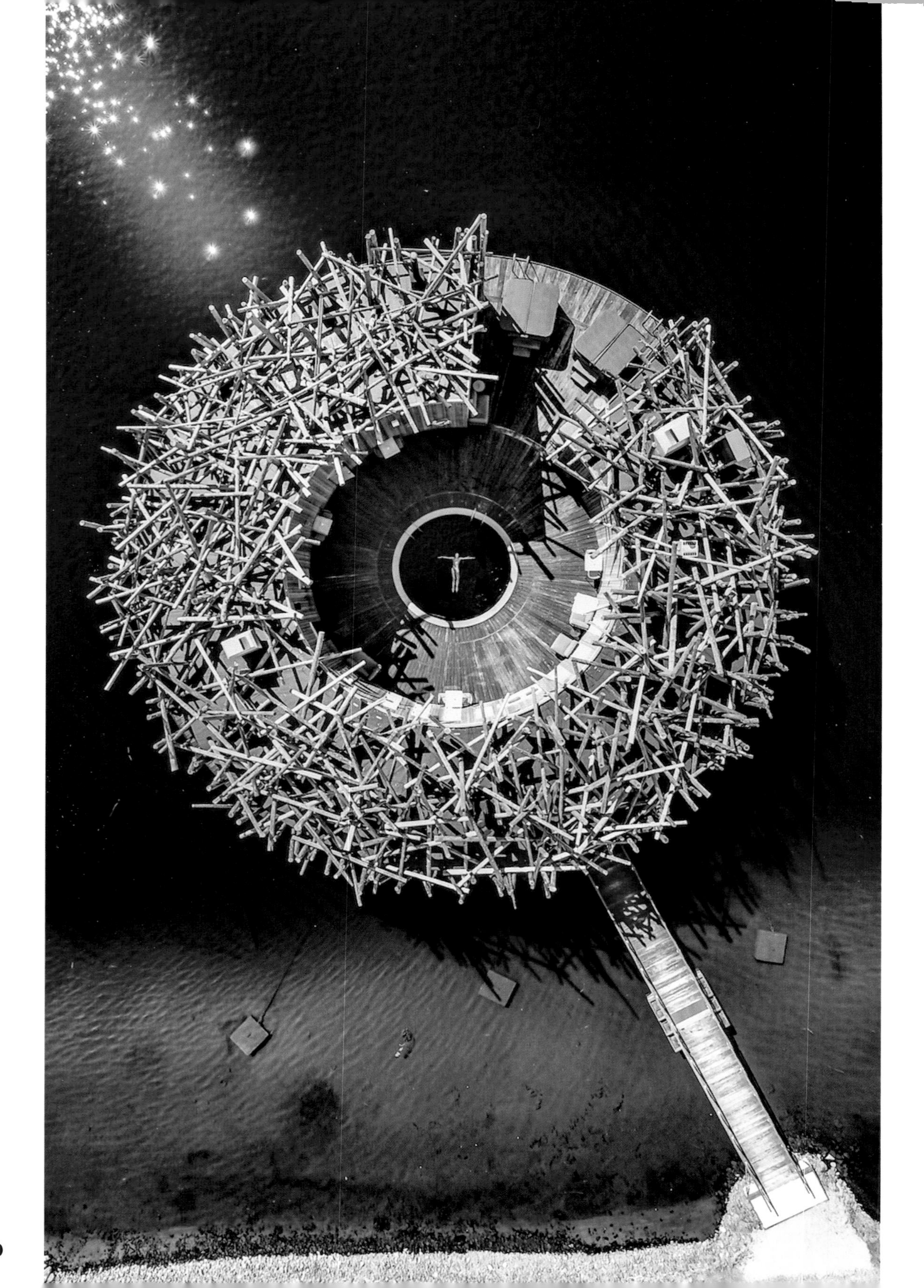

ARCTIC BATH

LAPONIA, SUECIA

INMERSIÓN
EN EL ÁRTICO

Los beneficios para la salud de los baños helados están ampliamente demostrados: liberan hormonas de la felicidad, alivian nuestra tensión nerviosa y aumentan nuestra inmunidad y la confianza en nosotros mismos. Este es el secreto de la longevidad de muchos pueblos del Norte, incluidos los suecos, que convirtieron esta práctica ancestral en un modo de vida nacional y en una atracción turística en auge, mucho antes que el archipublicado Wim Hof.

+46 928 70 30 40

arcticbath.se
booking@articbath.se

En la Laponia sueca, Arctic Bath, un hotel ecológico flotante sobre el río Lule, ofrece a sus visitantes la posibilidad de descubrir estas famosas tradiciones locales y enfrentarse a las gélidas aguas del Ártico.

Para ello, el hotel ha excavado en su centro un enorme baño de hielo al aire libre en el que los huéspedes más valientes pueden zambullirse antes de ir a calentarse en las saunas y baños termales adyacentes.

Además de sus tonificantes baños y de su *spa*, el hotel ofrece una amplia variedad de actividades tan insólitas como agradables que gustarán también a las familias: safaris en motonieve, excursiones con perros de trineo, esquí de fondo, iniciación a la pesca sobre hielo o clases de yoga al aire libre.

Las doce cabañas y *suites* del hotel (seis flotantes y seis en la orilla) ofrecen unas vistas impresionantes de la aurora boreal en invierno y del sol de medianoche en verano.

Un retiro muy distinto, donde los amantes de los baños nórdicos, de las experiencias nuevas y de la fusión con la naturaleza pueden acudir para revitalizarse durante mucho tiempo.

Más allá del programa organizado, la inmersión en el corazón de la región más salvaje de Europa, lo más cerca posible del círculo polar, forma parte de una experiencia holística inolvidable.

© MALIN SAX PHOTOGRAPHY FD. SWEDEN WEDDING PHOTOGRAPHY

© PASQUALE BASEOTTO

BUCHINGER WILHELMI

ALEMANIA

EL TEMPLO **DEL AYUNO**

Situado frente al lago Constanza, el establecimiento Buchinger Wilhelmi sigue siendo el lugar de referencia para los puristas del ayuno, quienes lo han bautizado como «el templo». Durante al menos diez días, famosos y gente anónima se juntan, se apoyan y comparten todo. La clínica fue fundada hace más de un siglo por Otto Buchinger, quien, ante la impotencia de la medicina convencional, decidió hacer un ayuno de 19 días con la esperanza de curar la poliartritis aguda que padecía. Curado, este apasionado de la naturaleza y del desarrollo personal decidió dedicar su vida a desarrollar una terapia médica centrada en el ayuno.

+49 7551 8070 | buchinger-wilhelmi.com

© WINFRIED HEINZE

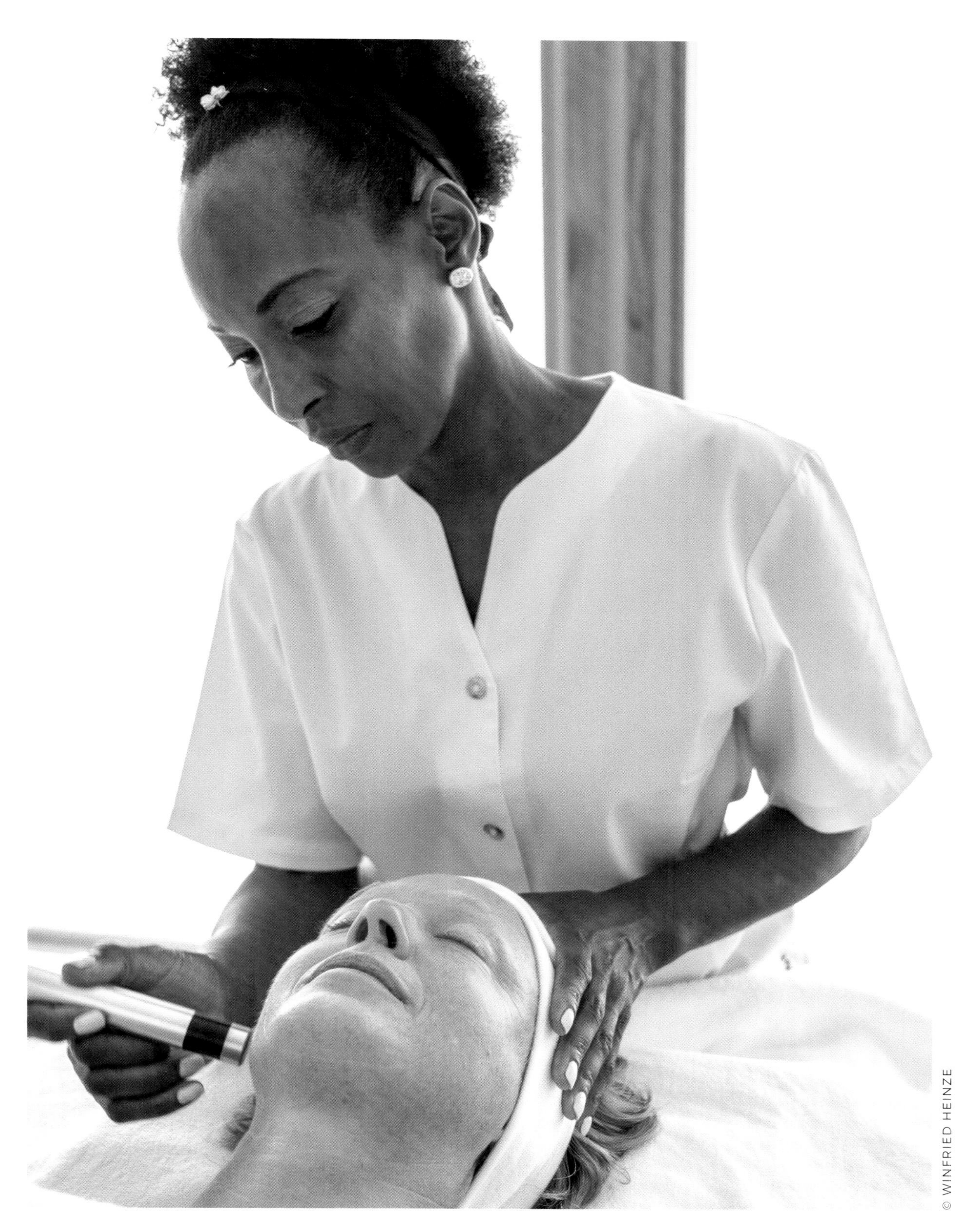

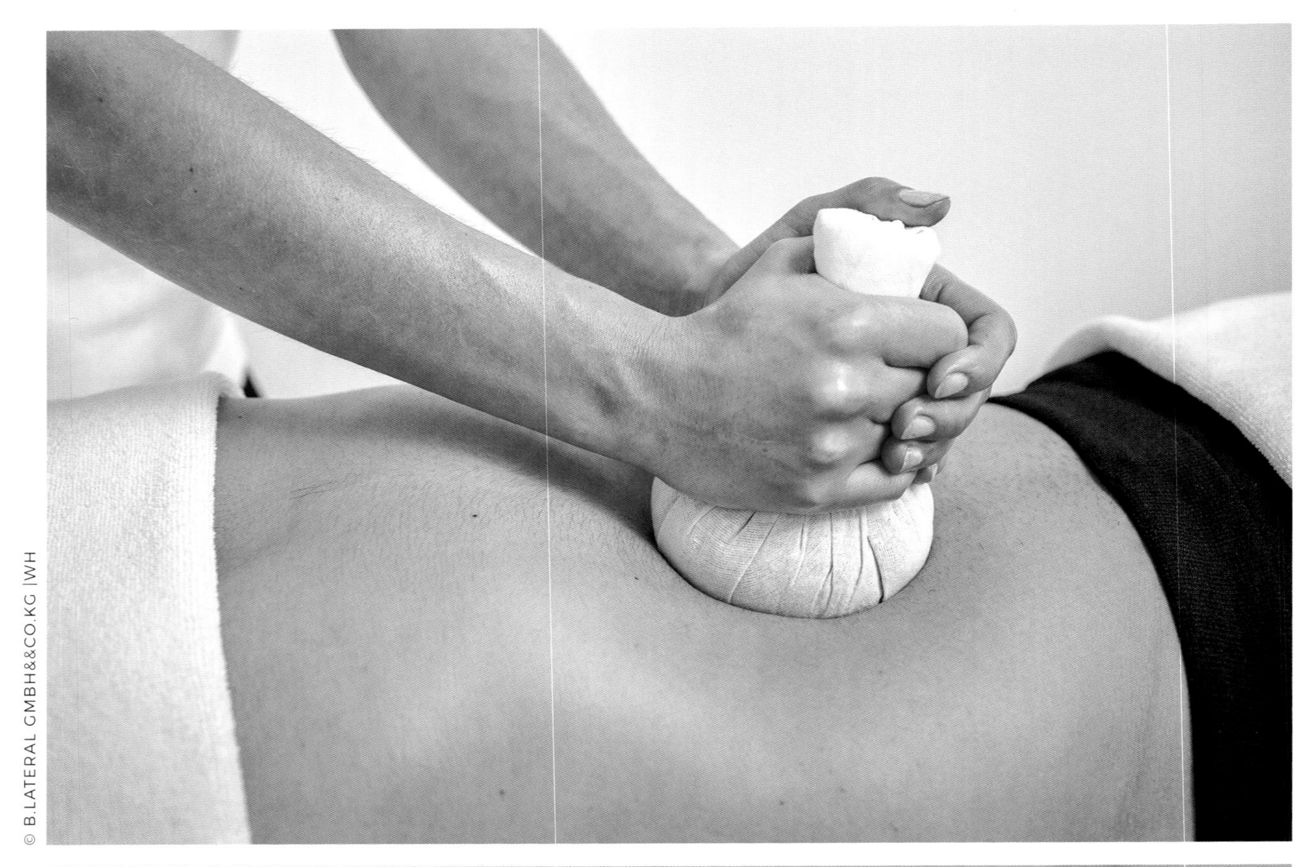

Hoy, sus bisnietos dirigen la clínica y el programa original, mejorado por las últimas investigaciones universitarias sobre el tema, sigue basándose en sus tres pilares: medicina, espiritualidad y comunidad.

Nada de lujos innecesarios, las habitaciones son sencillas con pequeñas camas individuales, pero con un equipo de médicos especialistas (diabetólogo, reumatólogo, hepatólogo, etc.) y enfermeras disponibles las 24 horas del día para dar una atención medica muy precisa, marco indispensable para quienes sufren una enfermedad crónica o quieren tratar una patología (en Buchinger hay muchos).

Tras un primer día de transición alimentaria, un análisis de sangre y una limpieza intestinal (con una solución laxante), los clientes ya solo beben agua (mucha, fresca o en infusiones), un zumo de frutas y de verduras al mediodía y un caldo por la noche, un aporte calórico ligero (unas 250 kcal) pensado para reducir los efectos secundarios como los dolores de cabeza cuando el metabolismo entra en cetosis (a grandes rasgos, cuando el organismo empieza a transformar las grasas). La sensación de hambre desaparece, la energía se despierta, así como algunos bloqueos existenciales o emocionales (a veces a través de sueños asombrosos). Es la razón por la que, además de un amplio programa (yoga, taichi, senderismo, masajes, envoltorios corporales, consultas ayurvédicas, etc.), Buchinger pone a disposición psicólogos, mesas redondas sobre psicosomática y «alimentación espiritual»: conciertos, clases de arte, tertulias literarias. «Durante el ayuno, el cuerpo está bien, es el alma la que siente hambre», dice el fundador del centro. Al final de los diez días, se vuelve a comer gradualmente, etapa fundamental del proceso.

Durante el ayuno, el cuerpo está bien, es el alma la que siente hambre

Además del histórico centro, la hija de Otto Buchinger fundó otro en Marbella, España.

LANSERHOF SYLT

ISLA DE SYLT, ALEMANIA

DIETA **ULTRADISEÑO**

¿Será su estrategia influencer? ¿Su impresionante arquitectura? ¿Su marketing infalible? ¿La calidad de sus tratamientos? ¿O un poco de todo?

Lo cierto es que hace un tiempo que el grupo Lanserhof se lleva la palma. Sus clínicas en Austria (Lans) y Alemania (Tegernsee) están en boca de todos, al igual que ahora la isla de Sylt, una especie de Hamptons alemán donde altos ejecutivos, intelectuales y famosos acuden a relajarse con total discreción a orillas del mar de Wadden, en la frontera con Dinamarca.

El impresionante complejo se construyó sobre las dunas: 20 000 m^2 de diseño fluido y sin recovecos en torno a una inmensa escalera circular, 68 habitaciones y 5000 m^2 dedicados a tratamientos.

+49 4651 9959570

lanserhof.com
info.sylt@lanserhof.com

© INGENHOVEN ARCHITECTS

El aire puro de la isla, los paseos por la naturaleza y las piscinas de agua de mar contribuyen a los beneficios de las curas de Lansherhof: un mínimo de siete días (y hasta tres semanas) en los que aprendes a centrarte, a reconectar con tu cuerpo y a dominar mejor tu mente.

El programa de talleres diarios es amplio, pero no obligatorio: meditación, cuencos tibetanos, *chi kung*, yoga, pilates, etc. Una serie de chequeos (analíticas de sangre, alergias, hormonales, gastrointestinales, etc.) permiten un tratamiento personalizado, mientras que el programa de medicina estética ofrece un cambio de imagen externo: blanqueamiento dental, mesoterapia, criolipólisis (adelgazamiento en frío), ultrasonidos, etc.

En cuanto al menú, ofrecen seis variantes, desde la cura más estricta hasta la dieta «activa»: cuanto más bajo es el número, más drástica es la dieta (0 = ayuno). En torno a 2-3, hay verduras y proteínas (pescado de los lagos locales), yogur (de leche de oveja) con aceite de linaza y tostadas de trigo sarraceno, fideos de lentejas...

Excepcionalmente, ofrecen hasta un café «terapéutico».

Es ligero, vivo, excelente y está inspirado en la dieta Mayr, que preconiza comer despacio, masticando cada bocado hasta 30 veces durante las comidas que se ingieren a horas fijas: a las 7 de la mañana, a las 12 del mediodía para el almuerzo y a las 5 de la tarde, lo que corresponde al ritmo biológico.

Tras tomar una infusión de hierbas locales, te acuestas temprano porque el descanso es la clave del éxito para perder peso y recuperarse.

© ALEXANDER HAIDEN

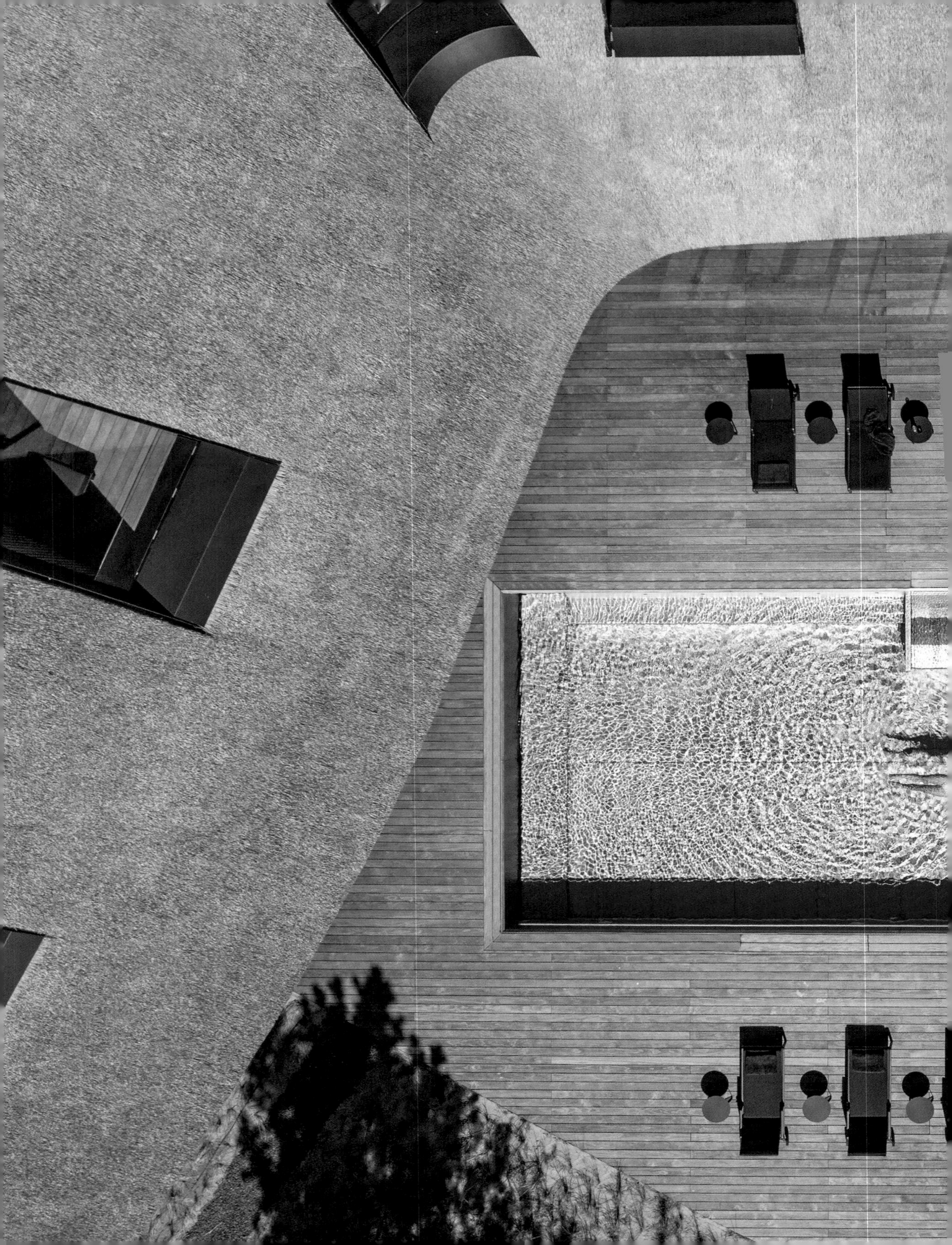

VIVAMAYR

AUSTRIA

LOS ORÍGENES **DEL DETOX**

Aunque no hace falta especificarlo, la mayoría de los centros detox toman prestados sus principios del médico austriaco Franz Xaver Mayr que, ya en el siglo XX, destacó la responsabilidad del intestino en numerosas patologías. Mayr desarrolló un método basado en el reposo, la depuración y el entrenamiento para masticar despacio, con resultados sorprendentes y más relevantes que nunca en esta época de bebidas azucaradas y alimentos industriales.

Europeos, estadounidenses e incluso indios acuden cada año a esta cuna de la desintoxicación para seguir la dieta tan especial del Dr. Mayr, que dio nombre a este prestigioso centro de bienestar a orillas del lago Wöthersee.

+43 4273 31117

vivamayr.com
office@vivamayr.com

© KOENIGSHOFER MICHAEL

© KOENIGSHOFER MICHAEL

Lo importante aquí no es solo lo que comes (nada de alcohol, azúcar ni café, alimentos alcalinos como verduras, fruta, pescado y carne blanca), sino sobre todo cómo lo comes, lo que determinará tu digestión y, por tanto, tu salud.

En primer lugar, presta atención a tu plato (nada de pantallas ni móviles en la mesa) y mastica el mayor tiempo posible (lo ideal es... ¡40 veces cada bocado!).

Luego, no bebas durante las comidas (bebe una hora antes y una hora después, y de dos a tres litros de agua al día), cena muy ligero y enriquece tu dieta con aceites prensados en frío (linaza, cáñamo... rebosantes de omegas 3, 6 y 9) y suplementos (personalizados tras los análisis de sangre y orina al inicio de la cura).

Masticar durante un largo tiempo, idealmente 40 veces por bocado, ayuda a mejorar la digestión y a controlar la sensación de saciedad.

Además de las comidas, el centro ofrece una serie de terapias para desintoxicar el organismo, como un baño de pies diario en una máquina de electrólisis, masajes de todo tipo, reflexoterapia nasal, que nos ayuda a limpiar en profundidad, en unos veinte minutos, los senos paranasales empapando las fosas nasales con algodón impregnado en aceites esenciales, así como kinesiología para determinar ciertas intolerancias alimentarias.

Se trata de un programa estricto con rutinas y horarios fijos, ideal para adoptar las reglas de una alimentación saludable.

No hay un huésped de Vivamayr que no recuerde los *chewing trainers* –unos panecillos endurecidos para practicar la masticación–, el enjuague bucal con aceite vegetal por la mañana y en ayunas para eliminar las bacterias malas y las toxinas, la bolsa de agua caliente sobre el hígado por la noche y luces apagadas a las 22 horas en punto.

CHÂTEAU DU LAUNAY

BRETAÑA, FRANCIA

EL MEJOR LUGAR DE FRANCIA **PARA HACER UN DETOX SUAVE**

Este es el típico lugar que periodistas, actrices y otros expertos del bienestar aconsejan a sus amigos. Y no es de extrañar: enseguida te sientes como en casa gracias a Carole, la propietaria. Situado en el corazón del Morbihan, su castillo a escala humana –construido, según sus propias palabras, en base a la proporción áurea– acoge cada semana a una decena de participantes para una profunda desconexión.

La bienvenida es cálida, el lujo está presente, pero es amable, la naturaleza es mística; tanto los terrenos de la finca como los bosques de los alrededores son fantásticos para hacer senderismo.

Desde hace algunos años, el Château de Launay es la alternativa suave a las curas de ayuno radicales. Aquí todo el mundo puede tomar caldo, y si hace falta, zumos (más o menos diluidos), e incluso alimentos sólidos (veganos). El objetivo no es sufrir, sino experimentar la relación con la alimentación, con el tiempo para uno mismo... y con la vida en general.

+33 2 97 39 46 32

chateaudulaunay.fr
info@chateaudulaunay.fr

No es algo médico ni sistemático, sino que consiste en un equipo ultraprofesional, desde un chef hasta naturópatas y un hidroterapeuta (una mezcla que casi siempre funciona para los huéspedes) distribuidos alrededor de la gran mesa de madera de la cocina o en la increíble biblioteca abierta para todos, en la que dan ganas de quedarse semanas.

En la habitación, un pequeño kit de bienestar te da la bienvenida: un raspador de lengua y un rinocornio (lavado nasal), un guante exfoliante y un cuaderno para, si te apetece, anotar tus sensaciones durante la experiencia. Luego, cada día pasa al ritmo de un despertar al son del gong (7:45), una sesión de yoga (8:15), tres horas de senderismo, tratamientos de libre acceso (sauna, hamman, un cuenco de aire Jacquier para oxigenar el organismo, una cabina de apiterapia desde la que se puede observar el baile de las abejas tras el cristal), y a la carta (masajes, hidroterapia de colon, equinoterapia –especialidad de la casa, que también tiene cuadras muy frecuentadas– y sesiones energéticas con la «maga bretona» Bénédicte).

El cerebro necesita 21 días para asimilar que todo va bien, o incluso mejor, cuando se come menos.

Por la noche, una charla temática (sobre naturopatía, meditación, juventud de la piel, etc.) da lugar a largos debates junto a la chimenea. Alojarse en el Château de Launay es una oportunidad para relajarse, escuchar y reconectar con tu cuerpo (¡aprendes incluso a hablar con él!), del mismo modo que tu cuerpo descansa de una vida en la que has comido demasiado, demasiado a menudo y demasiado deprisa. Al cabo de unos días, sin darte cuenta, ya ni te acuerdas de atender el teléfono. Y cuando llueve (a menudo), es otra excusa para (re) tomar la lectura, la escritura, o simplemente no hacer nada. La metamorfosis es espectacular: cuerpo, piel, emociones, mente.

No obstante, los supervisores insisten en que el reto consiste en retomar la dieta y mantener buenos hábitos. Es algo honesto.

Este pequeño rincón salvaje de Bretaña es sin duda el mejor lugar de Francia para empezar.

L'ARBRE QUI MARCHE

BRETAÑA, FRANCIA

RENOVARSE
EN UN AMBIENTE ÍNTIMO

Desde hace 20 años, la reflexóloga Gwenn Libouban recibe a sus clientes en su consulta parisina y en otros lugares de prestigio. Es famosa por sus manos mágicas y su excepcional intuición, que en solo una hora pueden descifrar tensiones, desbloquear ansiedades antiguas y barrer el cansancio.

A través de las zonas sensibles del pie, puede acceder a una lectura precisa de los órganos y funciones del cuerpo, así como de las emociones y símbolos que encierran.

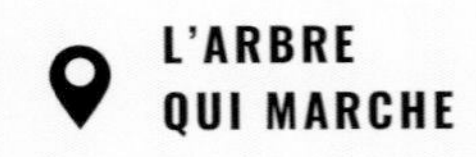

larbrequimarche.fr

Ahora afincada en Bretaña, ofrece sus tratamientos en La Ferme du Vent, un establecimiento propiedad de la familia Roellinger, y acaba de abrir su propio centro dedicado a retiros, en La Villate, Francia, en plena campiña romántica y al cuidado de robles centenarios (entre Rennes y Saint-Malo).

L'Arbre qui marche (El árbol que camina) es un centro de retiro que ha diseñado con el bailarín, acupuntor y licenciado en filosofía Paolo Malvarosa para ofrecer una experiencia íntima y privada muy diferente de lo que se puede encontrar en otros lugares.

Cuatro manos, tres días, tres ejes (reflexología, danza y yoga), gongs y mucho espacio para la introspección: su bonita casa de campo antigua, hecha de materiales naturales que respiran y te dejan respirar (paredes rehabilitadas con tierra cruda, pinturas con pigmentos naturales, colchones de lana de oveja bretona...) está rodeada de un jardín de paseo, como en Japón, diseñado como un camino de reflexología para recorrer en libertad, descalzo, y así estimular las plantas de los pies.

Es de esos lugares donde se reponen fuerzas, se transmiten conocimientos y, además, uno se puede formar.

Además de los programas que organizan según la estación, en los que se exploran las necesidades del cuerpo a lo largo del año, los retiros son individuales y personalizados. Gwenn y Paolo ofrecen cocina orgánica de inspiración ayurvédica (las hierbas, frutas, condimentos y remedios son de su huerto), «nutrición» para el cuerpo y el espíritu centrada en la belleza de la vida y, como ellos dicen, un reajuste de los sentidos que abarca el reencantamiento visual, olfativo, táctil y gustativo.

LES TILLEULS ÉTRETAT

NORMANDÍA, FRANCIA

CRECIMIENTO PERSONAL JUNTO A LOS ACANTILADOS

Los acantilados de Étretat son uno de los lugares más impresionantes de Europa, y crear un centro holístico allí era una apuesta arriesgada. Sin embargo, ese era el proyecto de Camille Gersdorff, trotamundos, apasionada del crecimiento personal e hija de un chef belga con estrella Michelin, cuando abrió su preciosa casa de huéspedes en una mansión del estilo Segundo Imperio, en el corazón de un paraje con un verdor especialmente cautivador.

Solo tiene cinco habitaciones, pero muy acogedoras. Además de un jardín que da a una terraza larga y soleada, un camino de acceso bordeado de tilos, muebles antiguos y cortinas de flores, el espíritu de una casa familiar, y un ambiente cálido y acogedor.

LES TILLEULS ÉTRETAT

+33 2 35 27 76 76

lestilleulsetretat.com
info@lestilleulsetretat.com

© JÖRG BRAUKMANN

Pero ahí acaban Monet, Delacroix, Maupassant y el clasicismo. La propietaria organiza aquí unos veinte retiros de yoga, meditación y pilates al año. Su objetivo es promover un enfoque holístico basado en las necesidades y el estilo de vida de cada huésped. Por ello, Les Tilleuls no duda en revolucionar las costumbres organizando estancias (aún) más esotéricas, que giran en torno a la iniciación al tarot, al gong, al Kundalini o a Los Cuatro Acuerdos, una «cura» diseñada para ayudar a los huéspedes a comprender mejor e integrar en su vida diaria el famoso libro de Don Miguel Ruiz.

Sé impecable con tus palabras; suceda lo que suceda a tu alrededor, no te lo tomes personalmente; no hagas suposiciones; haz siempre lo máximo que puedas: *Los Cuatro Acuerdos*. Un libro de sabiduría tolteca son una filosofía y una forma de vida.

La acogedora biblioteca, el baño turco, el *home cinema* y la playa cercana mantienen a los huéspedes ocupados el resto del día.

Este refugio de moda atrae tanto a los devotos del crecimiento personal como a los amantes de lo agradable y encantador en busca de experiencias fuera de lo común.

Si vas por allí o estás en la región, no dejes de visitar los Jardins d'Étretat, en lo alto de los acantilados, justo debajo de la iglesia de Notre-Dame-de-la-Garde. Este lugar vanguardista rehabilitado por el paisajista Alexandre Grivko y sus grandes composiciones de plantas podadas que recuerdan a los paisajes de Normandía –una mezcla de arte, tecnología y el poder de la naturaleza– es ideal para la practicar la meditación.

JIMMY NELSON

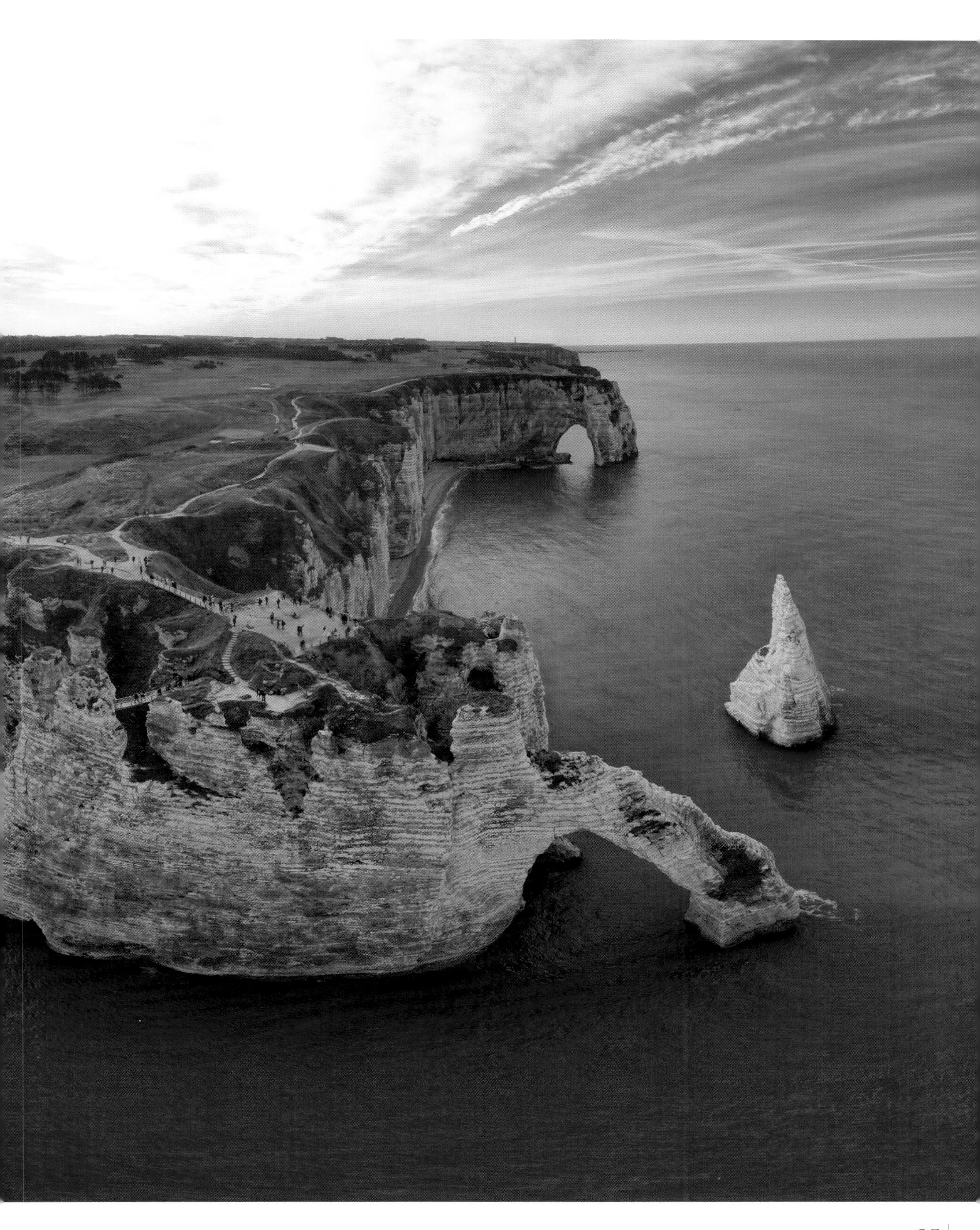

TAPOVAN

NORMANDÍA, FRANCIA

CURA AYURVÉDICA A LA FRANCESA

¿Un retiro ayurvédico como en la India, sin salir de Francia? Lo tienes en Tapovan, un centro fundado a mediados de los años 80 por el pionero del bienestar y la práctica del ayurveda en Francia, el carismático Kiran Vyas, también autor y conferenciante (entre otros, del excelente libro *El yoga de los ojos*).

Tapovan tiene sede en París (9 rue Gutenberg, distrito 15), pero sobre todo, destaca por su centro de retiro en Normandía, en Sassetot-le-Mauconduit (estación más cercana: Fécamp). Concebido como una universidad abierta, con diferentes tipos de estancias, masajes, cursos de cocina para particulares y

TAPOVAN

+33 2 35 29 20 21

tapovan.com
tapovan@tapovan.com

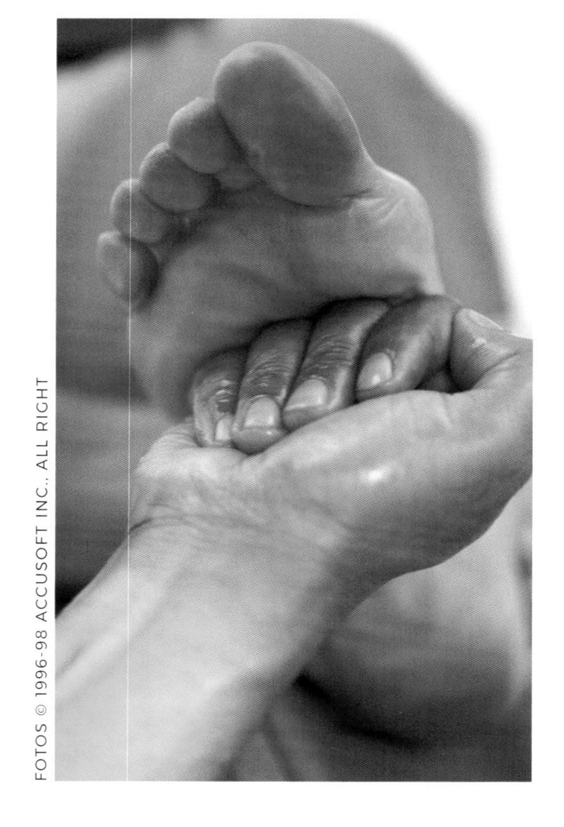

conferencias para profesionales, Tapovan es el mayor centro ayurvédico de Francia, y un referente en el sector. Basados en la más pura tradición, los retiros están orientados al cuidado del cuerpo a través de la alimentación (vegetariana, según el perfil de cada uno, también conocido como *dosha*), el yoga (*hatha* suave), los rituales (cepillado de la lengua, entre otros) y los masajes. Es mucho más que la manera clásica de ponerse en forma, es una cura ayurvédica que ofrece una renovación profunda, una inmersión en los cinco elementos de los que estamos compuestos nosotros y el universo (aire, agua, tierra, fuego y éter), y una comprensión más profunda de nosotros mismos.

El centro Kiran Vyas, una preciosa granja situada en una gran finca, anima a los huéspedes a dejarse llevar nada más llegar y les recuerda periódicamente que la mitad de su «medicina» está en el plato y la otra mitad en el jardín.

Aunque la naturaleza normanda sustituya los paisajes exóticos y el canto de las gaviotas por el abanico de los pavos reales, el cambio de aires es total y respetan perfectamente la tradición. Las habitaciones son modestas, pero agradables; hay dos edificios destinados a los tratamientos y la recepción, lo que ofrece la oportunidad de pasear por el jardín y tomarse tiempo después de cada actividad. Es equitativo, ultraprofesional y muy regenerador.

LA PENSÉE SAUVAGE

VERCORS, FRANCIA

DESCONEXIÓN TOTAL

El naturópata Thomas Uhl abrió este centro de ayuno y detox en 2006, iniciando al mismo tiempo un debate: está convencido de que en 2049 solo haremos dos comidas diarias. Como en Francia no se puede hacer ayuno en un contexto médico, el equipo de La Pensée Sauvage recomienda gozar de buena salud para hacer una de sus curas. Quienes no pueden, o no quieren, hacer un ayuno completo, tienen tres opciones: zumo de frutas y verduras frescas, dieta solo a base de manzanas o cereales, o bien una dieta (ligera) estrictamente vegetal.

+33 4 75 44 55 58

lapenseesauvage.com
ecrire@lapenseesauvage.com

Aunque el centro ofrece regularmente retiros fuera, en Ibiza, en la isla portuguesa de Porto Santo o en Córcega, en el elegantísimo Domaine de Murtoli, su ubicación original en Plan-de-Baix, en la Drôme, Francia, a los pies del macizo de Vercors, forma sin duda parte del viaje. Lejos de todo, con unas vistas panorámicas del valle y una sala monástica, hay unas veinte personas por sesión y luego se separan según su «menú» (por decirlo de otro modo, los que comen están separados de los que ayunan).

Tras el momento laxante inicial un poco doloroso, empieza la dinámica de grupo: levantarse al alba para hacer los ejercicios de conciencia corporal, meditación, caminata diaria a buen ritmo (Vercors obliga). Algo más tarde, el tiempo se reparte entre paseos en solitario, sauna y hammam, masajes, acupuntura, talleres de meditación o de cocina. Por la noche, se hace una mesa redonda en la que cada uno reflexiona sobre sus sentimientos y los comparte con los demás. A veces los testimonios son sobrecogedores. Una cura de ayuno consiste en resetear el organismo, pero también en proporcionar herramientas para mantener este nuevo dinamismo en casa. Entre ellas está comer conscientemente, repasar los fundamentos de la nutrición, hacer un buen uso de la monodieta o del ayuno intermitente, un ayuno nocturno de dieciséis horas entre la última comida y la primera del día siguiente, que permite que el sistema digestivo descanse.

LILY OF THE VALLEY

PENÍNSULA DE SAINT-TROPEZ, FRANCIA

EL SECRETO DE BIENESTAR MEJOR GUARDADO DE LA COSTA AZUL

Si buscas un lugar que combine fitness, lujo desenfadado y gastronomía francesa, estás en la página correcta.

Lily of the Valley, en plena naturaleza salvaje entre Cavalaire y Saint-Tropez, nació del sueño de un padre y de su hija de construir su hotel ideal. Hoy es considerado uno de los mejores hoteles de Francia. Lejos del bullicioso territorio de la jet set, ubicado en las alturas de La Croix-Valmer y con unas vistas impresionantes al Mediterráneo, este pequeño paraíso diseñado por Philippe Starck ofrece durante todo el año (algo excepcional en la región) programas de bienestar específicos de cuatro, siete, diez o catorce días: better aging, pérdida de peso, detox o deporte.

El entorno cálido y natural de las habitaciones y restaurantes –mármol pulido, madera maciza, mimbre, hormigón, cuero y tejidos étnicos– invita al dolce far niente, mientras que el Shape Club, 2000 m² dedicados al cuerpo y a la mente con un equipo de expertos (nutricionistas y entrenadores deportivos, entre otros) y herramientas tecnológicas vanguardistas, invita a todo lo demás.

+33 4 22 73 22 00

lilyofthevalley.com

Cada huésped recibe un chequeo completo, que incluye una evaluación por impedanciometría para evaluar su composición corporal –tejidos, agua y metabolismo–, así como su flexibilidad y equilibrio, acceso gratuito al gimnasio de alta tecnología, al hammam, a la sauna y a la ducha de nieve, así como a la piscina semiolímpica (climatizada) y a tratamientos de belleza firmados por la marca Biologique Recherche, sin duda una de las más efectivas del mercado. Eso, sin olvidar las máquinas de última generación como LED o Hydrafacial.

Las clases colectivas, incluidas en el paquete, se llevan a cabo desde por la mañana hasta por la noche en el estudio (TRX, yoga, estiramientos, boxeo, etc.) o al aire libre (ciclismo, marcha, paseo por la costa, etc.). Según cuál sea tu objetivo, la estancia transcurre de acuerdo a determinados horarios y menús. En el caso del apoyo nutricional, están elaborados con el método TGV del nutricionista Jacques Fricker (carne, pescado y verduras, pequeñas cantidades de grasa, productos lácteos y fruta, nada de pan). Puede que tu obetivo sea en cambio adelgazar, si lo necesitas, o volver a aprender a comer sano y mantenerte en forma a largo plazo. La receta es tan exitosa que muchos huéspedes repiten todos los años para disfrutar de su burbuja de bienestar. El hotel también organiza regularmente retiros en colaboración con personalidades del mundo del deporte y el bienestar, como el apneísta francés Guillaume Néry o Mathilde Lacombe, fundadora de Aime Skincare.

Vivir mejor, comprender, disfrutar: esto también implica placer y generosidad. Lily of the Valley es uno de los pocos centros de bienestar del mundo que ha conseguido hacer que este mundo resulte un poco menos complicado, al tiempo que ofrece un menú clásico (el restaurante de la playa es italiano). Después de un día de ejercicio, los hedonistas y/o los acompañantes de los huéspedes que reciben tratamientos pueden disfrutar de una sopa de anchoas y de una copa de rosado al atardecer ¿Bienestar francés? Sin duda alguna, el mejor ejemplo.

SUBLIME COMPORTA

PORTUGAL

RETIRO MINIMALISTA

Se dice que los ambientes despejados y la decoración sencilla favorecen la calma y estimulan la creatividad. «Menos es más» parece ser el lema de este establecimiento. La lista de diseñadores, periodistas y estilistas que dicen haber encontrado la paz interior escapando del ajetreo y estrés de la ciudad para recargar las pilas en Comporta no para de crecer: el lugar está oficialmente de moda.

SUBLIME COMPORTA

+351 269 449 376

sublimehotels.pt
info@sublimehotels.pt

Sublime Comporta es uno de los mejores hoteles de Portugal. El arquitecto José Alberto Charrua se inspiró en las tradicionales cabañas de pescadores para diseñar sus 34 habitaciones independientes, algunas con piscina privada, rodeadas de un inmenso bosque de pinos y robles (el Beach Club está a diez minutos).

Los ambientes y decoraciones sencillos favorecen la calma y estimulan la creatividad.

La naturaleza es un elemento integral del enfoque de bienestar y proporciona la mayor parte de los recursos del spa: todos los tratamientos y rituales corporales y faciales se elaboran con aceites esenciales y vegetales ecológicos, sal marina local, plantas y arroz del huerto.

El programa de actividades es bastante sencillo y suficiente para unos días, y varía según la temporada: yoga, meditación, pilates, HIIT, etc. Los programas de bienestar (relajación, desintoxicación o personalizado) completan la experiencia, una opción más que accesible para un primer retiro en un entorno de diseño y de total desconexión.

© NELSON GARRIDO

© NELSON GARRIDO

© RICARDO SANTOS

MACROBIÓTICA Y CURAS DE ALTA TECNOLOGÍA EN COSTA BRAVA

Fue el Sha Wellness Clinic, construido en 2009 en Alicante (España), el que abrió el camino a las vacaciones *detox chic*.

Desde entonces, este centro de detoxificación futurista, a menudo catalogado como el mejor spa del mundo, está siempre lleno: combina una ubicación privilegiada (el sol brilla aquí incluso en invierno), diagnósticos de vanguardia y tratamientos procedentes de los cuatro rincones del planeta.

Este inmaculado remanso de paz combina lo mejor de la medicina asiática (acupuntura, *shiatsu*, etc.) y occidental (evaluación genética, medición del estrés oxidativo, inyección de moléculas de ozono en el torrente sanguíneo y otras innovaciones). Sobre todo, con el paso del tiempo, el centro ha sabido adaptarse a las nuevas necesidades, o más bien a las nuevas problemáticas, lo que representa una verdadera ventaja.

Por ejemplo, una unidad de desarrollo cognitivo ofrece detectar enfermedades neurodegenerativas, mejorar la memoria y tratar la ansiedad mediante un sistema de fotobiomodulación cerebral desarrollado con la NASA y la Universidad de Harvard.

+ 34 871 00 56 00

shawellnessclinic.com
info@shawellness.com

Otra unidad, dedicada al bienestar sexual, incluye una evaluación clínica, con pruebas endocrinas, de la situación actual de cada persona, así como un chequeo físico, emocional y psicológico de la persona.

También se ofrecen módulos adicionales (*focused packs*) para ayudar a dejar de fumar y solucionar los problemas de sueño (pruebas poligráficas nocturnas para identificar patrones de apnea del sueño e insomnio, seguidas de terapias naturales como acupuntura, fitoterapia, hipnosis, etc.).

El centro ha añadido incluso un protocolo de terapia de frío al estilo Wim Hof, ejercicios de respiración para relajarse, respiración holotrópica para liberarse de traumas y un baño en agua helada. Además de ser un reto físico, el baño de hielo refleja las situaciones que paralizan.

Pero el tema más popular es sin duda la cura *Healthy aging* (envejecimiento saludable), diseñada para retrasar los efectos del envejecimiento, tanto internos como externos.

Se efectúa un chequeo médico completo y una evaluación del estrés oxidativo para determinar la edad biológica (¡sorpresa!), así como los factores susceptibles de incidir negativamente en la calidad de vida. A continuación, se utiliza una mezcla de tratamientos tradicionales y terapias modernas para permitir al organismo recuperarse en profundidad y ralentizar el proceso de envejecimiento.

Se dice que las supermodelos son asiduas clientas...

Pero no hay nada ostentoso, y todo el mundo se siente bienvenido, con una agenda de actividades y tratamientos que se entrega hora por hora en un iPad.

La comida, exclusivamente macrobiótica, puede resultar desconcertante al principio, pero pronto se convierte en una de las razones que hacen que quieras volver.

SIX SENSES

IBIZA, ESPAÑA

DESCUBRE **TU MEJOR VERSIÓN EN IBIZA**

Es el grupo hotelero pionero en el mundo del bienestar, en la isla más de moda de las Baleares, por no decir del mundo.

Six Senses e Ibiza están hechos el uno para el otro, fruto de una larga búsqueda para encontrar la ubicación ideal (la bahía de Xarraca, en el extremo norte, el rincón más salvaje), y con un rotundo éxito desde su apertura a finales de 2021.

Con los pies en el agua y unas impresionantes vistas al mar cobalto por un lado y al pinar por el otro, el ambiente es festivo, elegante y cool (hasta familiar), y prima el ambiente de grupo, fiel al espíritu de la isla.

+34 871 008 875 | sixsenses.com

El menú de bienestar del hotel se basa en los tres pilares de Ibiza: comunidad, espiritualidad y celebración. Justo antes de que hagan el *check in*, se invita a cada huésped a unos minutos de meditación entre volutas de humo de salvia. Además de los tradicionales programas Six Senses (sueño, longevidad, relajación, belleza, detoxificación...) y las máquinas habituales (crioterapia, máscara de oxígeno, esterilla de infrarrojos, luz LED, botas de compresión...). El *spa* ofrece una selección de disciplinas *post-new age* or meditación de los chakras, meditación subacuática, baño de gongs al atardecer, yoga facial o detoxificación yóguica (una serie de posturas de yoga con agua salada para limpiar todo el sistema digestivo) dirigidas por lugareños (la región goza de excelentes practicantes).

El mensaje está claro: desconexión, espiritualidad, reencuentro con uno mismo... El establecimiento ofrece incluso jornadas especializadas, ideales al principio de la estancia, para desconectar y relajarse.

Un día entero de reflexión, a solas y sin noticias (ni teléfono, por supuesto) para aprender a conectar con uno mismo utilizando herramientas como la respiración, la meditación, el yoga y/o la escritura. Sabemos que toda emoción genera energía, positiva o negativa, y que poner los pensamientos por escrito ya ayuda a liberar parte de esta energía y favorece la claridad mental.

Incluso los más pequeños tienen sus propios tratamientos de *spa* (masajes, reflexología, experiencias padres-hijos), y la comida es ecológica, de temporada y local, con algunos de los ingredientes procedentes de la granja Six Senses y otros de agricultores y productores cercanos.

La gran ventaja: el hotel está abierto todo el año, algo poco habitual en la isla, y los precios son más bajos de noviembre a principios de marzo (cuando la isla está más tranquila).

POPCORN

FORESTIS

TIROL DEL SUR, ITALIA

UNA CURA VERDE
EN LOS DOLOMITAS

A principios del siglo XX, la monarquía austrohúngara soñaba con construir un sanatorio en el corazón del Tirol del Sur que se beneficiara de la energía excepcional de sus bosques, de las aguas claras de los manantiales de Plose (agua revitalizante procedente de los glaciares de las montañas), del excelente aire puro y de sus horas de sol al día, superior a la media de la región.

Desde 2020, ese es el centro de relajación Forestis, situado en el corazón de las montañas de Palmschoss, a más de 1800 metros de altura, con unas vistas espectaculares de los Dolomitas. Este templo de madera en bruto (sin tratar, para que suelten los preciosos aceites esenciales relajantes), en el que priman el minimalismo y las energías renovables, está totalmente orientado hacia el famoso macizo, declarado Patrimonio de la Humanidad por la Unesco. Un destino ideal para calmar a los urbanitas agotados por el ritmo infernal y el estrés de la ciudad.

FORESTIS

+39 0472 521 008
reception@forestis.it

forestis.it

Siguiendo la tradición del *grounding* o *earthing*, que literalmente significa conexión a la tierra, Forestis apuesta por la energía natural y la sanación a través de los árboles, pero nunca se menciona el contacto físico directo ni abrazar las especies del bosque.

La silvoterapia es una ciencia que forma parte de la naturopatía. Cuando entramos en contacto con fitoncidas (moléculas aromáticas volátiles que liberan los árboles para protegerse de los insectos), nuestro organismo responde aumentando la cantidad y la actividad de un tipo específico de glóbulos blancos: las células asesinas naturales.

Numerosos estudios demuestran que los baños de bosque fortalecen la inmunidad, ayudan a combatir el estrés, mejoran el estado de ánimo y reducen el riesgo de padecer enfermedades cardiovasculares y diabetes.

El spa de 2000 m² cuenta con dos piscinas (una interior y otra exterior), saunas (finlandesa, orgánica, textil y exterior, entre otros), un gimnasio de última generación equipado con máquinas Technogym, salas de tratamientos basados en las cuatro esencias autóctonas de los alrededores: pino de montaña, abeto, alerce y pino cembro, así como un espacio para el *Wyda*, el asombroso yoga de los druidas celtas que combina posturas clásicas y *Chi Kung*, y que, según el día, también se practica al aire libre en el bosque, junto a arroyos o rocas. El hotel, que en muy poco tiempo se ha convertido en un clásico, también ofrece actividades de senderismo, raquetas de nieve y esquí, ya que cuenta con 45 kilómetros de pistas de entrada y salida.

PALACIO MERANO

ITALIA

SALUD Y BIENESTAR CINCO ESTRELLAS

El secreto del Palace Merano, al que acuden desde hace quince años las grandes figuras del deporte (sobre todo del fútbol), del cine y de la Bolsa de París, está en la calidad de sus curas, desarrolladas por Henri Chenot (no confundir con la «marca» utilizada por otro establecimiento desde la muerte del médico) y el Dr. Massimiliano Mayrhofer, que combinan coaching deportivo, nutrición dietética, spa médico y confidencialidad.

El establecimiento lleva el nombre del balneario termal de los valles de Trentino-Alto Adigio, que se hizo famoso en todo el mundo cuando Henri Chenot se trasladó allí para ofrecer su método de desintoxicación. Sí, te recoge un Mercedes con el interior de cuero en el aeropuerto de Venecia. Sí, la decoración es suntuosa. Sí, la colección de coches del aparcamiento es impresionante... Pero son solo detalles.

+39 0473 271 000

palace.it
info@palace.it

PALACE
PALACE MERANO
HEALTH FOR LIFE

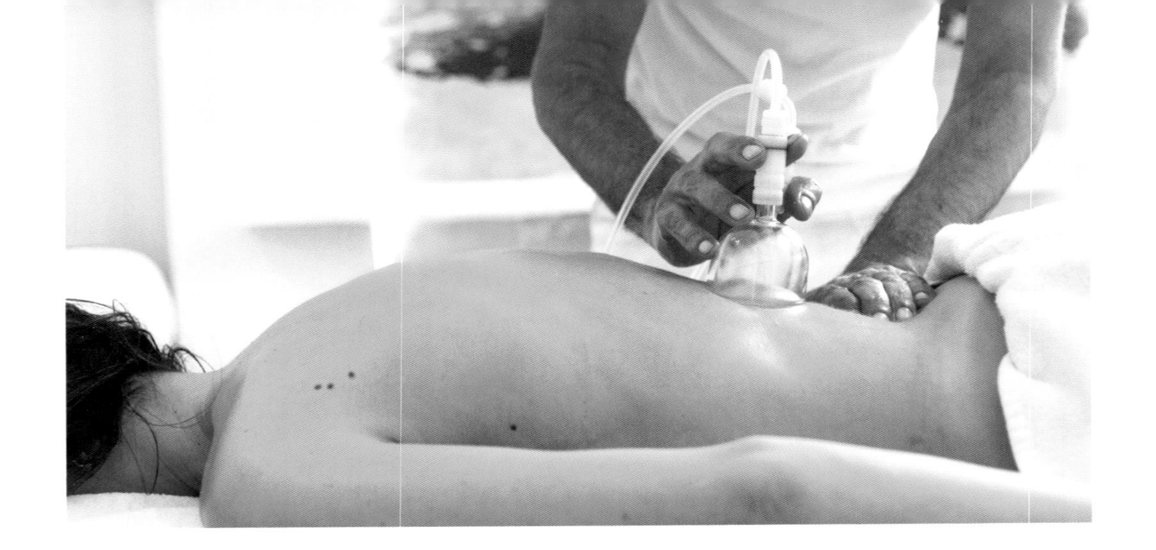

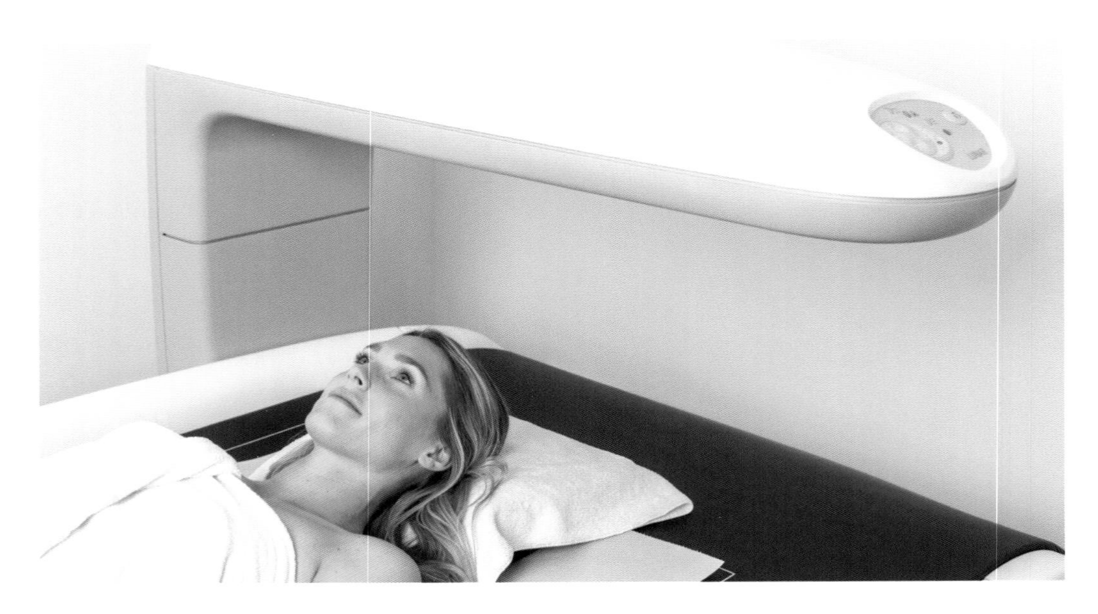

Los clientes asiduos dicen salir transformados de estos programas, que se perfeccionan a medida que hay avances científicos. El más popular es Revital Detox for Longevity, que consiste en eliminar toxinas, recuperar energía y volver a un peso saludable.

Sin embargo, no deja de ser una clínica: el establecimiento cuenta con un laboratorio de análisis biológicos para las analíticas iniciales (en las que se comprueba la presencia de ciertos marcadores tumorales) y con una sala equipada con un escáner.

Tras la purga inicial y a veces unas horas o días de ayuno, el equipo al completo se pone manos a la obra para transmitir los fundamentos nutricionales y favorecer su introducción en la vida cotidiana una vez de vuelta a casa.

El menú ofrece una dieta sana y fresca, alimentos ricos en vitaminas y antioxidantes para limpiar regularmente los tejidos profundos.

El menú ofrece una dieta sana y fresca, alimentos ricos en vitaminas y antioxidantes para limpiar regularmente los tejidos profundos. Se dice que esta es la razón por la que los deportistas, que a menudo se han ido de casa siendo muy jóvenes y han comido en comedores en lugar de en restaurantes macrobióticos, son tan aficionados a pasar temporadas en Merano.

El spa se inspira en el termalismo de probada eficacia: salas de flotación, baños con aceites esenciales, envolturas de algas y mucho más. Los masajes, heredados de la medicina china, se realizan manualmente o con electrodos, y cada día van dirigidos a un órgano distinto. Aquí no hay burbujas: el entrenamiento deportivo es parte integrante del programa y los paseos son más intensos físicamente que meditativos. Las curas suelen durar una semana, pero el método Revital también se puede hacer en formato descubrimiento (tres o cuatro días).

LACE

EREMITO HOTELITO DEL ALMA

UMBRÍA, ITALIA

UNA ERMITA CONTEMPORÁNEA

Vivir un retiro espiritual moderno con todas las comodidades y totalmente desconectado del resto del mundo a dos horas de Roma: esa es la promesa del Eremito Hotelito Del Alma.

Su dueño, Marcello Murzilli, no dudó en comprar un valle entero para construir un hotel de lujo concebido como una ermita contemporánea con el objetivo de reproducir la sobria atmósfera de los monasterios, propicia para la contemplación y la desintoxicación digital. Perdido en las colinas de Umbría, el Eremito invita a sus huéspedes al silencio y a la reconexión espiritual, lejos del bullicio de la ciudad y sobre todo lejos de las ondas.

+39 0763 891 010

eremito.com
info@eremito.com

Es un lugar libre de teléfonos, de WIFI y que apenas tiene cobertura. Mobiliario elegante, decoración bereber chic, iluminación a la luz de las velas... todo es muy minimalista, pero precioso.

Las habitaciones individuales, llamadas celdas, recuerdan a los austeros claustros de antaño. Desprovistas de todo lo superfluo, tienen todas las comodidades necesarias, pero sin teléfono ni televisión. Es tiempo para la introspección.

Por definición, la introspección es una invitación a mirar en nuestro interior para comprendernos mejor y tomar distancia. Para volver a conectarte con tu vida interior, necesitas tiempo y el entorno adecuado.

Por definición, la introspección es una invitación a mirar en nuestro interior para comprendernos mejor y tomar distancia.

Las comidas vegetarianas, preparadas con productos de la huerta, se comen en silencio en el comedor, que recuerda a un refectorio monástico, con cantos gregorianos de fondo. Los paseos, los tratamientos en el spa, las clases de yoga, el mantenimiento del huerto, el taller de canto (gregoriano siempre) o la iniciación a la pintura de iconos marcan los días en este monasterio laico y elegante, de atmósfera meditativa.

Los viajeros solitarios que quieren desconectar del día a día, escapar de la dictadura digital o simplemente relajarse, vienen aquí a disfrutar de la calma olímpica y volver a lo esencial.

Esta experiencia tiene además el lujo de ser asequible. El hotel también ofrece periódicamente retiros de fin de semana y de una semana sobre diversos temas: yoga, meditación, naturopatía, fortalecimiento de la intuición, aprendizaje de la manifestación, etc.

CASA DI SALE

CERDEÑA, ITALIA

UN REFUGIO SILENCIOSO EN CERDEÑA

Cerdeña, destino ultrapopular de la cuenca mediterránea, vive hoy al ritmo de los balnearios de moda y de la afluencia turística, sobre todo en verano. Afortunadamente, esta bonita isla italiana ha sabido proteger sus establecimientos más confidenciales y sus lugares salvajes, donde la naturaleza está perfectamente preservada.

Es el caso de la isla de San Pietro, en el sur, donde un barco te llevará a pasar el día y descubrir sus acantilados, sus aguas color esmeralda, sus playas inmaculadas y su frondoso monte bajo con olor a mirto, eucalipto y tomillo. Un pequeño rincón de paraíso que sedujo a los fundadores de Casa di Sale.

+39 335 605 7177

casadisale.com
casadisale@yahoo.it

© PICASA

© PAOLO BECCARI

© PAOLO BECCARI

© PAOLO BECCARI

Situada en Gioia, a quince minutos del pintoresco pueblo de Carloforte, único núcleo habitado de la isla, esta casa rural transformada en bed & breakfast ofrece a los visitantes la posibilidad de desconectar de la vida cotidiana, lejos de cualquier ruido o contaminación urbana, y de dedicarse al yoga durante un fin de semana o una semana.

Desde que amanece hasta que anochece, estos retiros combinan asanas, pranayamas, meditación, tratamientos ayurvédicos, así como excursiones y paseos en barco por la isla. El carácter de los lugareños, la energía volcánica (no hace falta saber nada de ella para sentirla casi al instante) y el simple hecho de «bajar el ritmo» invitan al silencio, que rápidamente reemplaza a la cháchara, al tiempo que la reflexión profunda sustituye a las cavilaciones supérfluas.

Conocemos los beneficios del silencio sobre el estrés, la ansiedad y la depresión, pero también sobre la mejora de la concentración, la claridad mental

Conocemos los beneficios del silencio sobre el estrés, la ansiedad y la depresión, pero también sobre la mejora de la concentración, la claridad mental y la creatividad. Venir aquí es una magnífica iniciación antes de embarcarse en un verdadero retiro de silencio.

La reducida cantidad de alojamientos de este refugio –cuatro habitaciones y algunas tiendas de lujo– limita el número de huéspedes que pueden vivir al ritmo de la naturaleza y del sol, con o sin saludos. Por ahora, Casa di Sale solo abre de mediados de mayo a mediados de octubre.

SILVER ISLAND YOGA

GRECIA

RETIRO DE YOGA
EN UNA ISLA PRIVADA

Para los que ansían escaparse a una isla privada, el retiro de yoga de Silver Island, en Grecia, es un sueño hecho realidad.

Imagina playas de guijarros, calas secretas y kilómetros de senderos en un islote aromático del mar Egeo cubierto de pinos y olivos, con solo dos casas tradicionales, una iglesia y un faro.

+230 5 7943699

silverislandyoga.com
retreat@silverislandyoga.com

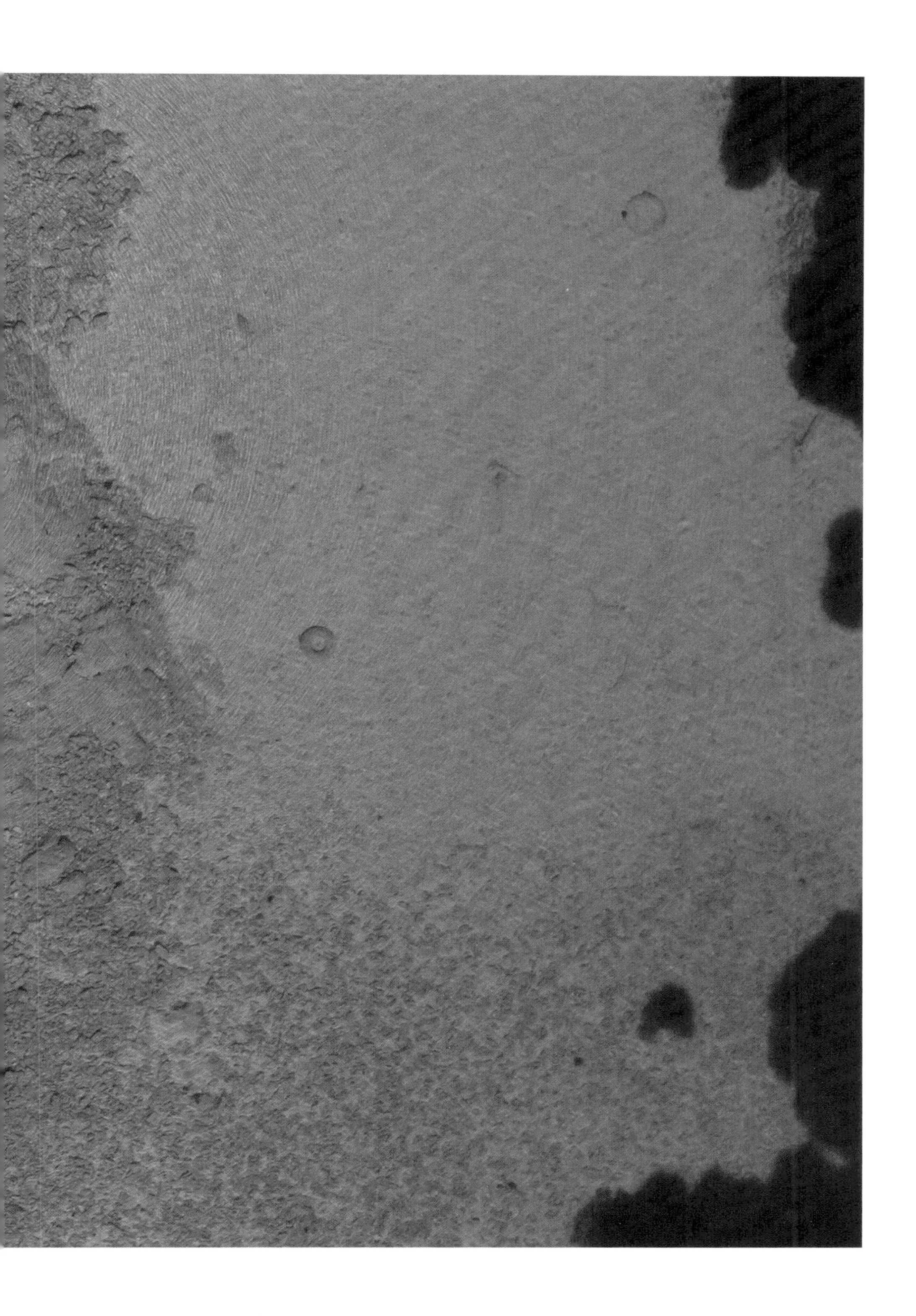

Este proyecto tomó forma gracias a las hermanas Christie. Las herederas de este patrimonio decidieron transformar la antigua casa familiar en ruinas en un exclusivo retiro ecológico de yoga sin cobertura, agua corriente ni electricidad. Aquí solo se utiliza la energía solar para alumbrar y para calentar el agua que se recoge en invierno.

De junio a octubre, ambas hermanas acogen cada semana a unas diez personas en su isla privada.

Hacer yoga rodeado de naturaleza llena el cuerpo con la energía del* prana, *el «principio vital» que anima todas las formas de vida.

Las clases de yoga se imparten dos veces al día, al amanecer y al atardecer, al aire libre, con vistas al océano y a la sombra de un olivo.

Porque hacer yoga en plena naturaleza significa poner a disposición del cuerpo la energía del prana, el principio vital presente en el aire y en la luz de la que se alimentan las plantas.

Las sesiones las imparten profesores internacionales cuidadosamente seleccionados, que son diferentes para cada retiro y son elegidos solo por recomendación.

© JACK FILLERY

© GEORGE FAKAROS

EUPHORIA RETREAT

PELOPONESO, GRECIA

RETIRO **ESOTÉRICO**

Ya de entrada, el nombre de este nuevo establecimiento deja claro su objetivo: Euphoria Retreat pretende ser el primer hotel spa de cinco estrellas dedicado por completo al bienestar en Europa.

En el entorno natural y salvaje del Peloponeso, en medio de un bosque privado con vistas a la ciudad de Mystras, declarada Patrimonio de la Humanidad por la Unesco, este centro holístico creado por Marina Efraimoglou se presenta como un lugar de sanación y transformación. Víctima de *burnout* en el mundo financiero, la fundadora del centro apuesta por ofrecer retiros de salud y *fitness* a menos de tres horas de Atenas. El concepto: una cuidadosa combinación de taoísmo y medicina tradicional china e hipocrática destinada a restablecer el equilibrio mental y emocional.

+30 2731 306 111

euphoriaretreat.com
reservations@euphoriaretreat.com

Durante tres, cinco o siete días, los huéspedes están invitados a seguir el camino de la liberación a través de una amplia selección de programas, temas y disciplinas (transformación física y emocional, sanación chamánica, medicina *chi*, yoga y atención plena, desintoxicación y adelgazamiento...). Medición de las necesidades celulares del cliente, plan de nutrición personalizado, coaching transformacional: nada se deja al azar para alcanzar el objetivo fijado. Durante toda su estancia, los huéspedes son atendidos por un equipo de médicos, mentores espirituales, nutricionistas, terapeutas y preparadores físicos.

Para prolongar los beneficios del retiro, el lujoso spa de 3500 m^2 (distribuidos en nada menos que cuatro niveles) cuenta con un impresionante circuito acuático (piscina Watsu, baño Kneipp, sesión de flotación al son del canto de las ballenas...).

Se sabe que en la mayoría de las culturas el agua se utiliza desde hace mucho tiempo por su poder de purificación espiritual.

Se sabe que en la mayoría de las culturas el agua se utiliza desde hace mucho tiempo por su poder de purificación espiritual.

La amplia oferta de tratamientos incluye sesiones de reiki, alineación de los chakras y baños de gong.

El esoterismo en versión placer: en este santuario holístico no es cuestión de privarse, ni siquiera de una copa de vino en Gaia, el restaurante con vistas panorámicas del establecimiento.

¿Es por su arquitectura de inspiración bizantina con sus arcos y arcadas, o por los numerosos elementos circulares de feng shui? El simple hecho de dejar tus maletas en este entorno encantador te levanta el ánimo.

© STAVROS HABAKIS

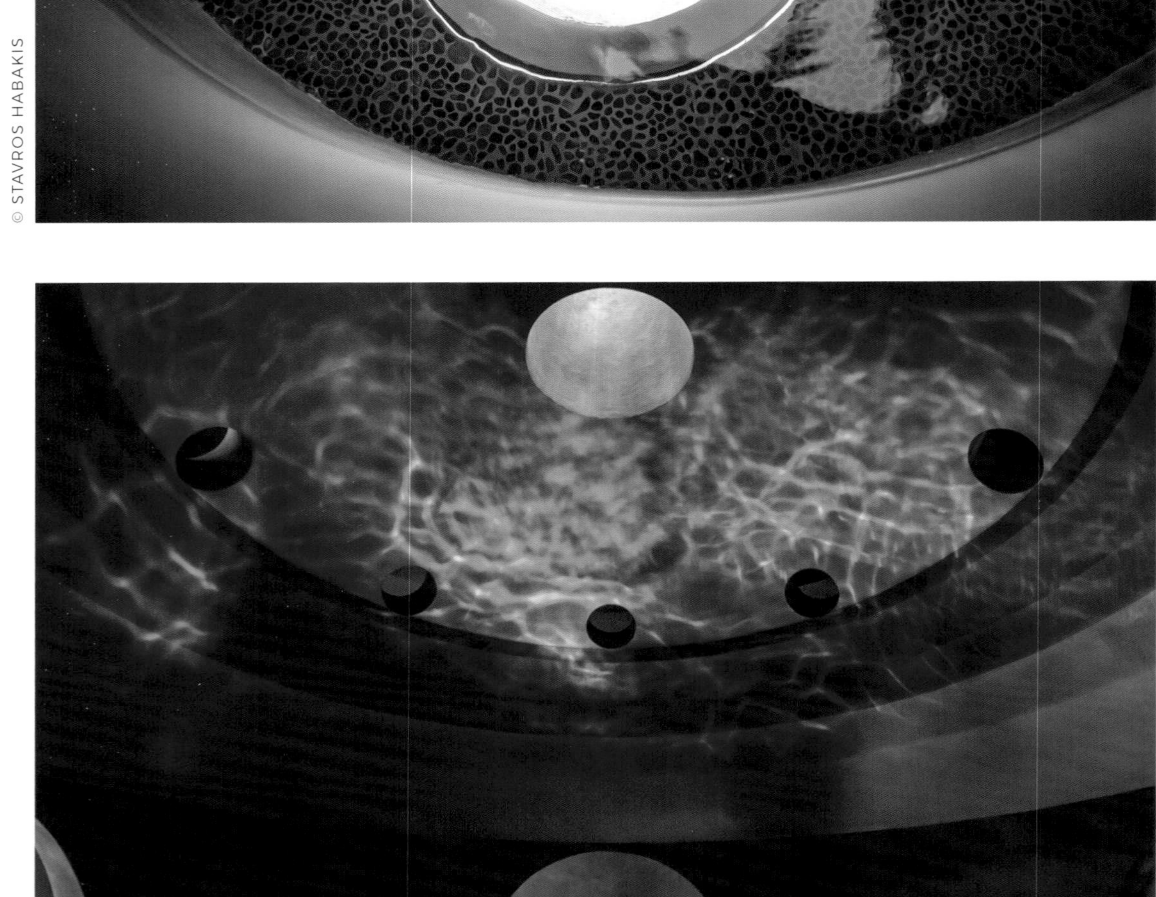

© STAVROS HABAKIS

THELIFECO

BODRUM, TURQUÍA

UNO DE LOS ESTABLECIMIENTOS MÁS PUNTEROS PARA PONERSE EN FORMA

No es el más conocido, pero TheLifeCo es uno de los establecimientos más punteros para ponerse en forma.

Los testimonios en su web invitan a soñar: «una solución para el agotamiento», «perder cuatro kilos en cinco días», «un regalo para uno mismo»...

El grupo tiene tres centros, uno en Tailandia (Phuket) y otros dos en Turquía, en Antalya y en Bodrum, a orillas del mar Egeo, donde los iniciados, en su mayoría europeos, vuelven cada año.

+90 533 225 65 50

thelifeco.com
info@thelifeco.com

© EMRE GOLOGLU

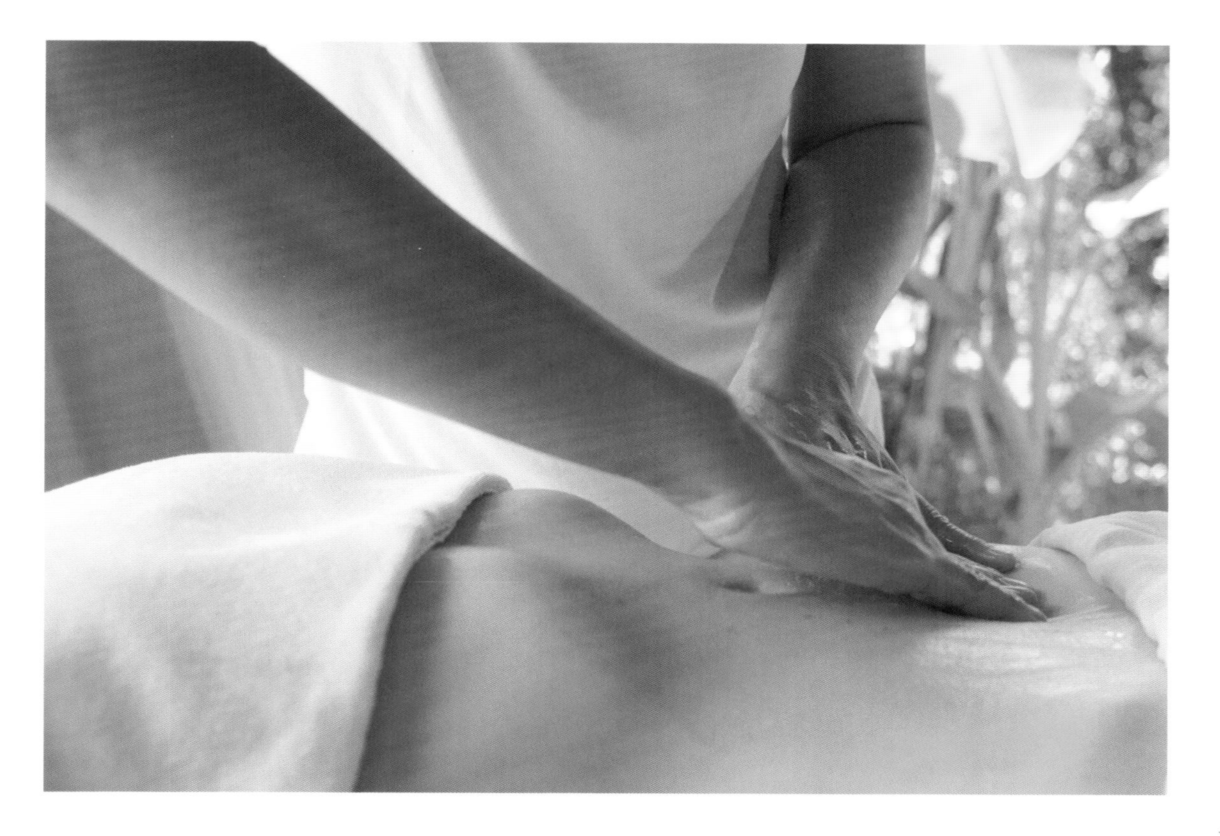

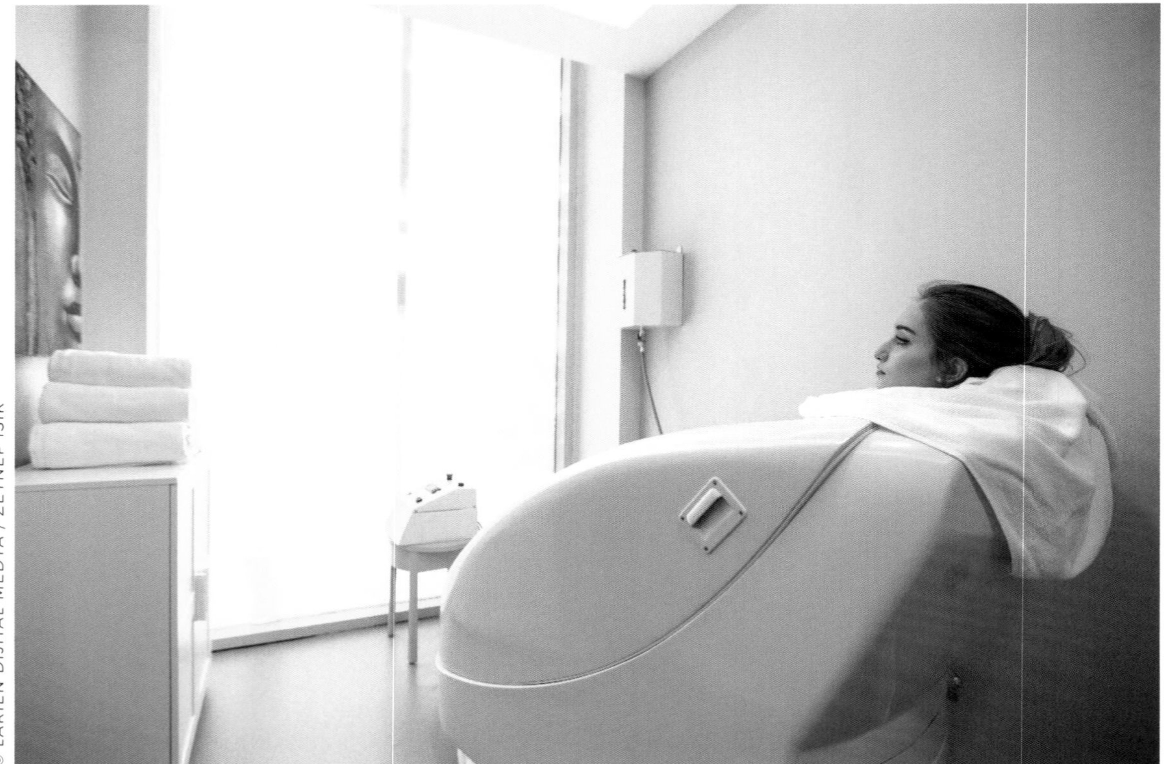

Ofrecen seis curas alimentarias diferentes para adaptarse al mayor número posible de personas, entre ellas la Green Detox, que ayuda a alcalinizar el cuerpo en respuesta a la acidificación provocada sobre todo por el estrés; la Green Salad Detox, que, como su nombre indica, ofrece ensaladas y ayuno intermitente –solo comes durante seis horas y dejas descansar el cuerpo durante dieciocho– y la dieta cetogénica, especialmente baja en hidratos de carbono, compensada con un aporte de grasas y proteínas de origen vegetal.

En cuanto al programa de tratamientos, está a la altura de las famosas clínicas de Italia y Alemania, con inyecciones intravenosas de vitaminas y ozono, tratamientos cutáneos con láser y cabinas de crioterapia para combatir la celulitis.

TheLifeCo destaca sobre todo por la importancia fundamental que le otorga al deporte. Más allá de las prácticas esotéricas, conviene recordar que el ejercicio regular sigue siendo la mejor manera de cambiar de energía.

Bajo el sol de Turquía, solo podemos trascender a nosotros mismos a través del esfuerzo.

Somos conscientes de la necesidad de colocar el deporte en el centro de la búsqueda del bienestar, pero a menudo se nos olvida. En todo el establecimiento, se anima a los huéspedes a optar por las bicicletas en vez de los carritos de golf, los programas incluyen sesiones de ejercicios en grupo (en particular, circuitos HIIT, un excepcional entrenamiento por intervalos de alta intensidad para quemar grasas y mejorar la resistencia), clases individuales en función del problema (falta de vitalidad, deseo de adelgazar...), y el gimnasio es gigantesco y está equipado con las máquinas más modernas.

Un retiro especial (GetFit & Healthy Program) combina entrenamiento específico, una sauna de infrarrojos para la recuperación, una dieta rica en proteínas y masajes después del ejercicio.

FOTOS © FABRICE COIFFARD

THE YOGI SURFER

REGIÓN DE AGADIR, MARRUECOS

ENCUENTRA **TU *FLOW***

Aunque el cuidado del cuerpo y los rituales de belleza están profundamente arraigados en la cultura marroquí, el bienestar tal y como lo conocemos hoy en día no se asocia necesariamente a este país. Salvo en Taghazout.

Este pueblecito de pescadores situado a pocos kilómetros de Agadir, cuna del surf en Marruecos, es uno de los lugares más populares de la costa atlántica y un destino bien conocido por los yoguis.

THE YOGI SURFER

+212 6 53 97 44 56

theyogisurfer.com
contact@theyogisurfer.com

La mayoría de los pequeños establecimientos que flanquean la calle principal ofrecen cursos, pero The Yogi Surfer eligió instalarse en lo alto del pueblo de Tamraght, frente al océano y se ha convertido en el epicentro del bienestar. Durante todo el año, este hotel *boutique* de ocho habitaciones acoge a aficionados al surf y al yoga. El día empieza al amanecer con sesiones de *pranayama* y yoga *Vinyasa* en la terraza de la azotea. Y continúa en la playa, con clases de surf impartidas por los mejores instructores de la región, algunos de los cuales son estrellas internacionales que están de visita.

Tanto si eres un surfista principiante como avanzado, puedes disfrutar de las olas y de sesiones más o menos aventureras según tu nivel. Los adictos al surf pueden incluso probar suerte en las dunas.

Practicar yoga mejora el equilibrio sobre la tabla, la concentración, la fuerza y la flexibilidad

Según los expertos, el yoga y el surf son dos disciplinas que parecen haber sido creadas para practicarlas en conjunto: cada una aporta beneficios específicos y su combinación crea una sinergia.

Practicar yoga mejora el equilibrio sobre la tabla, la concentración, la fuerza y la flexibilidad. El surf requiere equilibrio, fuerza y flexibilidad a la vez. El yoga fortalece en profundidad la faja abdominal y los músculos de la espalda, cruciales para surfear las olas, mientras que los ejercicios de respiración (*pranayama*) ayudan a desarrollar la concentración y la claridad mental necesarias para afrontar los retos del océano. Todo esto se enseña en un ambiente muy agradable en The Yogi Surfer. Después del esfuerzo, la recompensa: platos vegetarianos elaborados cada noche por chefs marroquíes y un ambiente siempre festivo. Todo ello, a precios más que aceptables.

BLISS & STARS

SUDÁFRICA

LA CABEZA
EN LAS ESTRELLAS

«En Bliss & Stars fusionamos naturaleza, meditación, movimiento, nutrición y astronomía para guiarte hacia la presencia y la calma. Organizamos experiencias que inspiran a la gente a bajar el ritmo, a encontrarse a sí mismos tal como son, a experimentar más alegría y plenitud en sus vidas», explican los fundadores.

Sobre el papel (y en la web), Bliss & Stars lo tiene todo para gustar. También sobre el terreno, como atestiguarán quienes hayan disfrutado de una estancia en uno de los chalés minimalistas con vistas a las montañas Cederberg, en Sudáfrica, a unas 3,5 horas de Ciudad del Cabo.

+27 21 813 9734

blissandstars.com
hello@blissandstars.com

© TEAGAN CUNNIFFE

Un paraíso salvaje para excursionistas, sin «distracciones» a kilómetros a la redonda, ideal para desconectar, cuyos programas duran cuatro o siete días y exploran distintos temas, como el silencio, las relaciones, la feminidad, la autocompasión, etc.

Además del yoga, el trabajo de respiración (*breathwork*) y la atención plena (a través de la meditación, la cocina y los paseos), la experiencia se basa en gran medida en el cielo estrellado. El clima y la ausencia de contaminación lumínica hacen de Bliss & Stars un lugar excepcional para observar las estrellas, a simple vista o con un telescopio (disponible en el hotel), hacer cursos de fotografía astronómica, aprender a distinguir las constelaciones o simplemente deleitarse con las estrellas.

Que se hable del cosmos, de la energía, mitología, fábulas o ciencia, cada vez más estudios confirman que el contacto con la naturaleza tiene un poderoso efecto sobre la mente.

Podemos hablar de cosmos, energía, mitología, fábulas... o ciencia: cada vez son más los estudios que demuestran que conectar con la naturaleza tiene un poderoso efecto sobre la mente. A cualquier edad, podemos experimentar una sensación de plenitud al contemplar determinados paisajes, en especial un atardecer o un amanecer, un arco iris o un cielo estrellado.

Ante el extraordinario espectáculo de la naturaleza que se puede presenciar cada atardecer en Clanwilliam, es fácil pensar que no hace falta mucho para vivir la mejor vida: ni una dieta especial, ni un estuche de cristales, ni mantras.

© TEAGAN CUNNIFFE

© TEAGAN CUNNIFFE

JOALI BEING

MALDIVAS

LA PRIMERA **ISLA *SPA***

Los fundadores de Joali Being apostaron por las Maldivas para llevar a cabo el primer proyecto de este tipo en el mundo: toda una isla dedicada al bienestar. Durante años, fueron a los lugares más punteros para crear sus propios métodos, formar a sus terapeutas y mantener sus tratamientos preferidos.

El resultado es un spa gigante en una isla (natural) del atolón de Raa y programas que duran de cinco noches a tres semanas, en los que combinan tecnología y disciplinas ancestrales en torno a cuatro pilares: espíritu, piel, microbioma y energía.

+960 658 4444

joali.com
info.being@joali.com

Cada vez más científicos se interesan por la terapia del sonido, demostrando la capacidad de ciertos sonidos de reducir la ansiedad y elevar el espíritu. Aquí, el sonido está en el centro del proceso.

Todo empieza a la manera tradicional, con una consulta con un especialista, algunas pruebas y una prescripción completa de menús, bebidas (incluyendo un té personalizado elaborado en la herboristería del hotel), actividades y tratamientos.

Además del menú supercompleto, tienen un pabellón antigravedad, una cámara de sal, una cabina de crioterapia (la primera de la región), un gimnasio de última generación (equipado con espejos interactivos para un entrenamiento personalizado y un biofeedback mediante realidad virtual inmersiva), sesiones de *breathwork* (trabajos de respiración), pero, sobre todo, sonoterapia omnipresente: desde el pabellón para masajes con gongs, diapasones y carillones, hasta el *sound path*, un sendero con instrumentos para hacer vibrar cada chakra a medida que avanzas, sin olvidar los accesorios musicales disponibles en las villas.

Los pocos afortunados cansados de las clínicas suizas aprovechan el invierno en las Maldivas para mejorar su claridad mental, reparar el sueño, estimular la inmunidad o reequilibrar el sistema digestivo. ¿Qué es lo que también marca la diferencia? La concepción biofílica de los espacios, una nueva tendencia de diseño que busca reconectar a los usuarios con la naturaleza, y que se percibe a (casi) cada paso.

SOMATHEERAM AYURVEDIC HEALTH RESORT

KERALA, INDIA

LA MEJOR CLÍNICA AYURVÉDICA DE LA INDIA

En el estado de Kerala, en la costa suroeste de la India, abundan las clínicas ayurvédicas, rodeadas de playas con palmeras y de parques nacionales. Pero de entre todas esas clínicas privilegiadas, solo hay una que está en boca de todos desde hace más de diez años, y que aparece incluso en la prensa francesa. El Ayurvedic Health Resort Somatheeram recibe con regularidad premios por la excelencia de sus terapeutas, por la calidad de sus tratamientos y por sus cabañas tradicionales rodeadas de una naturaleza exuberante, parte esencial de la reconexión con uno mismo en la medicina tradicional india y fuente generosa de hierbas medicinales.

SOMATHEERAM AYURVEDIC HEALTH RESORT

+33 6 30 34 53 28

somatheeram.org
info@somatheeram.org / anne@somatheeram.org (contact France)

© BENJAMIN KURTZ

© BENJAMIN KURTZ

El ayurveda busca mantener el equilibrio permanente para tener y mantener una vida saludable, en armonía con nuestro entorno. Reconocida por la Organización Mundial de la Salud desde 1982 como medicina tradicional, parte del principio de que las enfermedades tienen su origen en un desequilibrio. Los malos hábitos, el estrés, un trabajo agotador y/o una alimentación inadecuada son los responsables del deterioro paulatino de nuestra salud. En esta clínica tradicional todos los paquetes están diseñados para las patologías occidentales: rejuvenecimiento, desintoxicación corporal, gestión del estrés y adelgazamiento.

El primer contacto se establece nada más llegar en una consulta con un médico que, tras tomar el pulso, observar la lengua, la morfología y la piel, establece la constitución del cliente –conocida como *dosha*–, la dieta (solo vegetariana), los brebajes de hierbas que debe tomar y los masajes que debe darse.

Durante los siete a diez días que dura el tratamiento, nada es obligatorio, pero sí altamente recomendable. Meditación al amanecer, clases de yoga a las 7:30 h, masajes diarios con aceite de sésamo o de coco muy diferentes a lo que estamos acostumbrados, envolventes y maternales, lo que sorprende a más de un occidental. Los ojos se limpian con gotas naturales, la nariz con aceite y los oídos con vapor de hierbas. Todos los días tienen el mismo ritmo, no te explican necesariamente las cosas y eso también permite que te dejes llevar. Los primeros días puedes tener dolor de cabeza y cansancio antes de la purgación *panchakram* de la 4.ª noche a base de *ghee* (mantequilla clarificada) y de agua caliente que se hace antes de acostarse para eliminar toxinas y limpiar el desorden del hígado. A partir de ese momento empieza la desintoxicación, se recupera la energía y aparecen la claridad de espíritu y la calma.

ANANDA

HIMALAYA, INDIA

(RE)DESCUBRIR EL YOGA EN EL HIMALAYA

Si tienes ganas de ir a la India, hazlo a lo grande. Situado en lo alto de Rishikesh, la ciudad de los sabios, los yoguis, el Ganges y los ashrams, el Ananda ofrece una experiencia que trasciende lo ordinario.

En primer lugar, por su entorno natural con sus impresionantes vistas a las montañas sagradas del Himalaya, fuente de regeneración física y mental cada mañana al despertar.

En segundo lugar, por su lujo sutil, una joya arquitectónica que combina el esplendor del diseño tradicional indio con el confort de sus modernas instalaciones.

ANANDA SPA

+91 80 69750000

anandaspa.com
reservations@anandaspa.com

© ROSO PHOTOGRAPHY

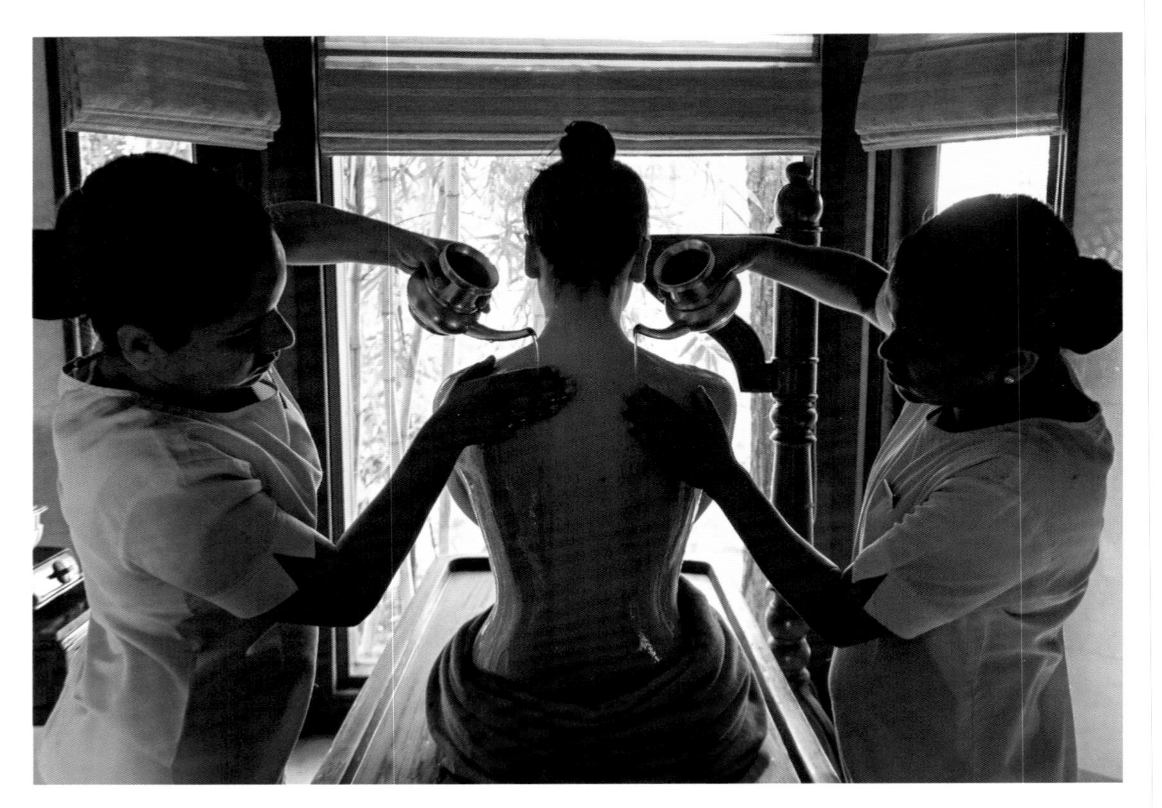

Y por último, por su programa de bienestar, imprescindible en la región y aclamado a menudo por la prensa internacional.

El spa está inspirado en las tradiciones indias y en los métodos curativos ancestrales, con una selección de terapeutas profesionales y expertos ayurvédicos que ofrecen programas personalizados revisados y actualizados conforme a los últimos avances en el mundo del bienestar: detox holístico, detox yóguico, reequilibrio hormonal, fitness, pérdida de peso, estrés, rejuvenecimiento...

La cura intensiva Panchakarma de tres semanas es el enfoque más natural y completo para la purificación, el rejuvenecimiento y la curación profunda del cuerpo y la mente, siguiendo un proceso de tres etapas (según el perfil ayurvédico).

Y como tiene esas vistas a la capital mundial del yoga, el Ananda ofrece, naturalmente, yoga en todos sus programas.

En compañía de los mejores profesores del mundo, aquí podrás (re)descubrir el yoga original: hatha, gatyatmak hatha (en torno al saludo al sol y a la luna), pranayama (yoga de la respiración), bandhas (bloqueos energéticos para estimular la circulación en el cuerpo).

El pabellón de yoga y la zona de meditación comparten espacio con un gimnasio de última generación y una piscina turquesa. El menú incluye rituales ancestrales, sesiones de sauna de infrarrojos, rejuvenecimiento facial y osteopatía.

Los delicados cuidados del personal, los detalles elaborados (como el kurta, un traje tradicional de algodón que se deja en las habitaciones) y las actividades variadas (una cena romántica bajo las estrellas, senderismo, una visita a los templos o una ceremonia de ofrendas a la diosa Ganges al atardecer) completan esta experiencia de bienestar.

ULPOTHA

SRI LANKA

YOGA EN UN PARAÍSO PERDIDO

Situado a los pies de las montañas Galgiriyawa, la espina dorsal de Sri Lanka, y rodeado por siete colinas, Ulpotha, descubierto originalmente por ascetas errantes, ha sido durante mucho tiempo un lugar de peregrinación.

Viren Perera, un banquero de inversiones de Colombo, compró por capricho una plantación de cocoteros abandonada. Impulsado por la pasión de volver a los métodos de cultivo tradicionales, se dedicó a reforestar y a reconstruir la mansión en ruinas, y luego construyó una aldea.

Desde entonces, la comunidad budista agrícola abre sus puertas una parte del año a huéspedes, ofreciendo retiros de una a dos semanas de duración.

ULPOTHA

+94 77 785 0682

ulpotha.com
info@ulpotha.com

© PETER BLAESILD FOR ULPOTHA

Anunciado como un refugio privado, Ulpotha ofrece un estilo de vida minimalista, incluso rústico, sin electricidad, internet, ni alcohol. Prepárate para iluminar con linternas, ducharte al aire libre, alojarte en cabañas sin puertas ni cerraduras, para recibir a monos ladrones, reptiles y muchos insectos. Ulpotha no es un destino como los demás, pero tiene su encanto.

Si buscas un complejo hotelero cinco estrellas con un servicio amable y cócteles al borde de la piscina, no te molestes. Si, por el contrario, buscas un antídoto al estrés de la ciudad, autenticidad y una experiencia inolvidable, este es tu sitio.

Es elegante, increíblemente tranquilo y humanamente rejuvenecedor. La comunidad también gestiona una clínica ayurvédica gratuita para las aldeas vecinas, da apoyo a los templos y santuarios locales, así como a las escuelas, a los hospitales y a la gestión del agua.

A su llegada, todos los huéspedes «tienen» que pasar consulta con el médico ayurvédico residente. Después comienzan las clases de yoga, que se imparten en una pagoda al borde de los arrozales. Principiantes y profesores del mundo entero, *hatha*, *ashtanga* o *Iyengar*, acuden a estas clases, impartidas a menudo por figuras internacionales de renombre (Alex Onfroy, Mika de Brito...). Los festines vegetarianos se sirven en comunidad, mientras que los baños entre lotos en el lago de aguas sedosas y los paseos en bici marcan el resto del día.

En ese momento de desconexión total, vives en este pequeño paraíso al ritmo de la naturaleza, literalmente, con el sonido de la selva de fondo como único ruido. La ecoaldea solo acoge como máximo a 20 visitantes a la vez; el precio, también módico (unos 1000 € la semana), incluye el alojamiento, todas las comidas y refrigerios, las bebidas, dos clases de yoga al día, un masaje, paseos guiados por la selva y una excursión.

Te espera una habitación mágica a orillas del agua o en lo alto de un árbol (a unos 15 metros), lo único que tienes que hacer es reservar con antelación.

© HASSELBLAD H6D

SURYA LANKA AYURVEDA RETREAT

SRI LANKA

CURA *PANCHAKARMA* EN UNA PLAYA ESCONDIDA

Fundado a mediado de los años 90, Surya Lanka Ayurveda Retreat fue uno de los primeros centros de bienestar de Sri Lanka abierto a los extranjeros. Desde entonces, no ha dejado de estar a la altura de su excelente reputación como lugar de referencia para quienes buscan un auténtico retiro holístico y un profundo viaje por las milenarias tradiciones curativas del ayurveda. El exuberante entorno tropical, la playa de arena dorada (Talalla), considerada una de las más tranquilas del país, y las palmeras meciéndose suavemente con la brisa contribuyen a una sensación de desconexión, al igual que la arquitectura, perfectamente integrada en el paisaje natural que invita a la inmersión y calma de inmediato.

SURYA LANKA AYURVEDA RETREAT

+94 112 667 039

suryalanka.com
reservations@suryalanka.com

El alojamiento se ha diseñado teniendo en cuenta la comodidad y los principios ayurvédicos: decoración tradicional de Sri Lanka y balcones con impresionantes vistas al océano Índico para reconectar con la naturaleza y con su poder curativo.

Los tratamientos se personalizan según los doshas (constitución de una persona) y los objetivos de salud de cada huésped, pero todos giran en torno a la famosa cura Panchakarma: un método alternativo aún poco conocido en Occidente para desintoxicar profundamente el organismo e incluso curar ciertas enfermedades crónicas.

La cura *Panchakarma* (de *pancha*, cinco, y *karma*, acción) alterna purgas, enemas y tratamientos a base de plantas y esencias aromáticas, y dura un mínimo de tres semanas para ver resultados.

El Surya Lanka Ayurveda Retreat ofrece tres versiones: Light, para un buen detox de bienestar, Intensive, para un tratamiento corporal completo (el más popular, que cuesta unos 100 euros al día) y Heil, para las personas con enfermedades (artritis, asma, psoriasis, agotamiento laboral, etc.) que requieren tratamientos más intensos y específicos.

Los consejos dietéticos, las sesiones diarias de yoga y meditación, los paseos guiados por la naturaleza, las excursiones culturales y los talleres sobre los principios del ayurveda permiten a los participantes no solo disfrutar, sino también comprender la cultura local.

© HAMISH JOHN APPLEBY

CHIVA SOM

CATAR Y TAILANDIA

EL CENTRO HOLÍSTICO MÁS PREMIADO DEL MUNDO

Chiva-Som, uno de los centros holísticos más solicitados de Asia, es un símbolo de bienestar y salud en el mundo entero. Ha ganado numerosos premios de la prensa y es uno de los centros favoritos de los famosos por la calidad de sus tratamientos (varios centenares) y por su servicio cinco estrellas (una media de cuatro empleados por cliente).

En 2022, en su primera incursión internacional, el templo del bienestar de Hua Hin (Tailandia) abrió un centro en Catar, a hora y media de Doha, a orillas de las aguas turquesas del golfo Pérsico.

chivasom.com

reservations@chivasom.com (Tailanda)
reservations@zula.com (Qatar)

WELLNESS RESORT, QATAR

ZULAL WELLNESS RESORT, QATAR

ZULAL WELLNESS RESORT, QATAR

La primera impresión cuando ves el Zulal Wellness Resort es su integración total con la naturaleza. Se trata de una especie de oasis con matices desérticos, con sus patios ajardinados y abundantes fuentes de agua. Zulal se traduce como agua pura.

Al igual que en Tailandia, los retiros duran entre tres y catorce días, y abordan distintos temas, como la pérdida de peso, el bienestar del cuerpo y de la mente, la limpieza terapéutica y el buen envejecer. Es el primer centro dedicado al bienestar en Oriente Medio.

La estancia comienza con una batería de pruebas (genómica, análisis de sangre, posturología, etc.) y una consulta para determinar los mejores protocolos a seguir. Los teléfonos, pantallas y cámaras están prohibidos fuera de las habitaciones: un retiro, especialmente en Chiva-Som, no es una estancia al uso y requiere un mínimo de compromiso personal.

Un equipo completo de especialistas y practicantes está a tu disposición en todo momento para ayudarte a «cambiar de vida», o al menos a vivirla plenamente, con deporte, tratamientos (fisioterapia, spa y tratamientos de belleza como láser, cámara de sal, etc.), talleres (nutrición, meditación, yoga) e incluso conferencias sobre los retos del mundo en materia de biodiversidad y sostenibilidad.

La fusión entre sabiduría asiática, medicina tradicional árabe y salud del futuro da todo el sentido a su logotipo diseñado en tres partes que simboliza la mente, el cuerpo y el espíritu. Un detalle destacable es que el complejo cuenta con toda una sección diseñada solo para familias: el Zulal Discovery ofrece «retiros de bienestar en familia» con actividades para todos (kayak, danza, artesanía y tratamientos de spa incluso para los más pequeños).

© FRANCISCO GUERRERO

CHIVA SOM TAILANDA

© ABOUTFOTO.COM

HIVA SOM TAILANDA

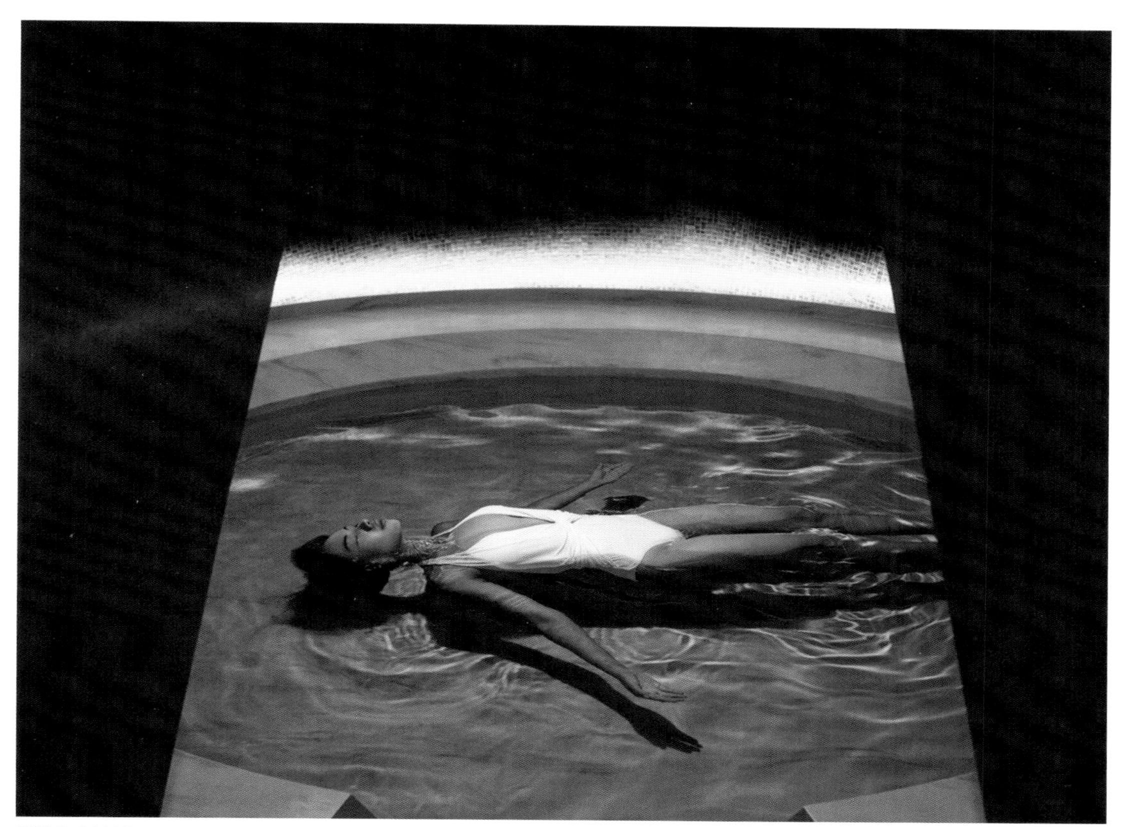

CHIVA SOM TAILANDA

© KIATTIPONG PANCHEE

SUAN SATI

CHANG MAI, TAILANDIA

UN JARDÍN **DE LA CONSCIENCIA PLENA**

Entre los templos budistas, los curanderos locales y los salones de masaje tailandeses, Chang Mai se ha convertido en una ciudad yogui, además de en un destino cada vez más popular. Si buscas alejarte de los tópicos locales en lo que a turismo de bienestar se refiere, ve un poco más al sur, al pequeño pueblo de Ban Si Bunreuang, donde se encuentra Suan Sati, literalmente «jardín de la conciencia plena».

Cubierto de lagos, arrozales y bosques, este centro de retiro ecológico en plena campiña ofrece retiros de yoga y meditación de cinco noches de duración, entre octubre y febrero.

SUAN SATI

+66 (0)91 076 4970

suansati.com
info@suansati.com

Tanti si eres principiante como si eres practicante avanzado estás invitado a perfeccionar tu práctica mientras contemplas cómo se pone el sol tras las montañas circundantes. El programa incluye técnicas de respiración (*Anapanasati*), sesiones de meditación y clases intensivas de yoga, además de una serie de actividades con coste adicional: un taller de alineamiento, una clase de cocina, un círculo de canto o una sesión de respiración Wim Hof.

La comunidad aboga por la inclusión y acoge con los brazos abiertos a todos los participantes, sea cual sea su nivel de práctica.

La desintoxicación digital te permite conectar más profundamente contigo mismo, con los demás participantes y con el programa.

Salvo en casos de emergencia en los que el personal abre la red digital, aquí se anima a todo el mundo a apagar sus teléfonos móviles. Aunque algunos pueden mostrarse *a priori* reacios a la idea de estar «desconectados» durante unos días, la mayoría de los comentarios al final del retiro son más que positivos sobre esta práctica.

Su fórmula atrae a quienes desean retirarse en un auténtico centro a precios muy asequibles. Dependiendo de la opción de alojamiento –dormitorio, bungaló compartido o habitación privada– una semana cuesta entre 300 y 500 euros. Esto incluye tres comidas al día, con abundante comida vegana que deja bonitos recuerdos en los visitantes. Se trata de rejuvenecer y desintoxicarse digitalmente.

KAMALAYA WELLNESS RESORT

KOH SAMUI, TAILANDIA

CLÍNICA TAILANDESA DE LUJO 5 ESTRELLAS

En la costa sur de Koh Samui, entre cocoteros y arena blanca, se encuentra el Kamalaya Wellness Resort, que se traduce como «reino del loto». Construido en torno a una gruta donde se puede ir a meditar, como los monjes budistas de antaño, el complejo de 76 habitaciones y villas se funde literalmente con la exuberante vegetación, los arroyos en cascada y la interminable playa privada, que ya son una experiencia de bienestar por sí solos.

El complejo fue fundado en 2005 por un antiguo monje budista y galerista, John Stewart, y su esposa Karina, tras años de vida espiritual en Katmandú (Nepal).

+66 77 429 800

kamalaya.com
reservations@kamalaya.com

Desde entonces, este establecimiento holístico se ha labrado una sólida reputación en Asia por la calidad de sus retiros y tratamientos.

Durante tres, cinco o siete días, los visitantes tienen la garantía de redescubrir su bienestar gracias a la omnipresencia de la naturaleza, pero sobre todo gracias a un enfoque holístico de la salud que combina tradiciones orientales y occidentales. A pesar del entorno paradisíaco, los retiros son la razón de ser del complejo, y el programa ofrece no menos de 70 terapias y tratamientos diseñados para restaurar el equilibrio general.

Detox y reseteo, estrés y agotamiento, especial para mujeres, pérdida de peso, problemas de sueño, equilibrio emocional e incluso un retiro sabático de bienestar de tres semanas... Imposible no encontrar algo que no se adapte a ti.

Tras una consulta inicial y un chequeo médico, cada huésped recibe el acompañamiento diario de un equipo de naturópatas, doctores en medicina china, nutricionistas, mentores de transformación, terapeutas ayurvédicos y otros profesionales del fitness o el yoga.

En cuanto a la cocina de Kalamaya, condicionada por la necesidad de desintoxicación celular, esta prioriza los ingredientes locales. Aquí se cree en que la comida es la mejor medicina: lo que comemos influye considerablemente en nuestra salud física, mental y emocional.

La decoración de las habitaciones y *suites* se inspira en las viviendas tradicionales tailandesas (madera roja, cocoteros) y en los monasterios budistas.

© RALF TOOTEN

© RALF TOOTEN

© RALF TOOTEN

COMO SHAMBHALA ESTATE

BALI, INDONESIA

COMER, REZAR Y AMAR
EN BALI

Es la «isla de los dioses», el escenario ideal de los libros de desarrollo personal (lee la excelente novela *El hombre que quería ser feliz* de Laurent Gounelle), el de la exitosa película en la que Julia Roberts interpreta a la autora Elizabeth Gilbert (*Come, reza, ama*). Bali es parada obligatoria en la búsqueda de uno mismo y el Como Shambala Estate es su epicentro.

COMO SHAMBHALA ESTATE

+62 361 978 888

comohotels.com/bali/como-shambhala-estate
CSestate@comohotels.com

FOTOS © MARTIN MORRELL

Imagínate lo mejor del diseño, con cuartos de baño semiabiertos y piscinas infinitas, en lo alto del pueblo de Payangan, escondido en la exuberante selva de Ubud. A esto le añades un enfoque holístico que apuesta por la interacción entre la práctica del yoga, la meditación, los ejercicios de relajación y diversos tratamientos en el *spa*, todo ello acompañado de una deliciosa cocina vegetal y cruda (o alimentos calentados a temperaturas inferiores a 40-45 grafos centígrados) para que tengan el mayor aporte en vitaminas, enzimas y minerales. Aquí la leche de nueces sustituye a la de vaca y la miel a los azúcares procesados.

El objetivo de la dieta crudívora es mantener intactos el valor nutricional y la vitalidad de los alimentos porque algunos nutrientes pierden su potencia y eficacia cuando se cocinan a altas temperaturas, como es el caso del ácido fólico.

Vives la magia de un retiro en Como Shambala, a menudo elegido mejor spa del mundo, con programas personalizados o que cambian según la estación (Renovación del Año Nuevo). El menú es impresionante (y muy apetecible): masajes locales (el famoso taksu balinés, sin olvidar el masaje de cabeza indio, masajes tailandeses, reflexología, etc.), acupuntura, hidroterapia de colon, oxigenoterapia (respirar oxígeno en una cámara hiperbárica parecida a la cámara de recompresión de los submarinistas), tratamientos con barro y plantas autóctonas, curas ayurvédicas, clases de Pilates, *chi kung*, paseos por los arrozales, un ritual de purificación con agua de manantial balinesa, un picnic en el jardín escondido en la selva del centro o una invitación a una ceremonia de ofrenda tradicional...

Índice

ACERCA DEL AUTOR

© NOELLI BROOHM

Émilie Veyretout es la antigua jefa de la sección de belleza y bienestar del periódico francés *Le Figaro*. Estuvo diez años viajando, explorando y descifrando estos dos ámbitos híbridos para los lectores más exigentes. En 2022, cofundó PLEACE, unos programas de vídeo con una selección de las mejores disciplinas (yoga, danza, meditación, hipnosis, etc.) y expertos para un miniretiro de bienestar en casa (www.pleace.fr). También es asesora de grandes marcas como Dior, Lancôme y Shiseido.

AGRADECIMIENTOS

Mis agradecimientos a:

Simon, Sasha y Alie por ser mis compañeros en el camino.

Carole y Elia por estar a mi lado en esta guía.

A mis amigos periodistas, a mis amigos en general (a Vicky, una mención especial) y a los responsables de prensa que me dieron sus (mejores) pistas.

Thomas por venir a buscarme para este (nuevo) reto.

Por último, pero no por ello menos importante, a todos los que tenéis este libro en las manos, lectores, buscadores de bienestar, gestores y distribuidores. Gracias por vuestra confianza.

CRÉDITOS FOTOGRÁFICOS

pág. 9, 10, Mii Amo © Mii Amo; pág. 12-13, Mii Amo © Ken Hayden Photography - pág.14, 17, Esalen Institute © Esalen Institute - pág. 18-23, Blue Spirit © Blue Spirit - pág. 25-29, Finca Victoria © Finca Victoria - pág. 30, 34-35, 37, Arctic Bath © Arctic Bath; pág. 33, Arctic Bath © Viggo Lundberg; pág. 36 (arriba), Arctic Bath © Malin Sax Photography FD Sweden Wedding Photography; pág. 36 (abajo), Arctic Bath © Pasquale Baseotto - pág. 39, pág. 40 (arriba), pág. 41, Buchinger Wilhelmi © Winfried Heinze; pág. 42 (arriba), Buchinger Wilhelmi © B.Lateral GMBH&&CO.KG WH; pág. 40, 42 (abajo), 44-45, Buchinger Wilhelmi © Buchinger Wilhelmi - pág. 46, 51 (arriba), 52 (arriba), 54-55, Lanserhof Sylt © Lanserhof; pág. 48-49, 52 (abajo), 53 (arriba), Lanserhof Sylt © Ingenhoven Architects; pág. 51 (abajo), Lanserhof Sylt © Alexander Haiden; pág. 53 (abajo), Lanserhof Sylt © Sandra - Stock Adobe.com - pág. 57, 60-61, Vivamayr © Vivamayr; pág. 58, Vivamayr © Koenigshofer Michael - pág. 62, 64, 65, 67, Château du Launay © Château du Launay; pág. 68-69, Château du Launay © Benjamin Sellier - pág. 71-75, L'Arbre qui marche © L'Arbre qui marche - pág. 80 (abajo), Les Tilleuls Étretat © Les Tilleuls Étretat; pág. 77, 78-79, 82-83, Les Tilleuls Étretat © Frenchie Cristogatin; pág. 80 (arriba), Les Tilleuls Étretat © Jörg Brauckmann; pág. 84-85, © Nicoleon - pág.87, Tapovan © Tapovan; pág. 88, Tapovan © 1996-98 Accusoft Inc., All Right - pág. 90 (arriba), La Pensée Sauvage © La Pensée Sauvage; pág. 90 (abajo), La Pensée Sauvage © Aurélie Lamour; pág. 93, La Pensée Sauvage © Microgen@mail.com; pág. 94-95, La Pensée Sauvage © Photographie Camille Moirenc - pág. 96-103, Lily of the Valley © November Studio - pág. 104, 109, Sublime Comporta © Ricardo Santos; pág. 107, 108 (arriba), 110-111, Sublime Comporta © Nelson Garrido; pág. 108 (abajo), Sublime Comporta © Lisa and Sven Photography - pág. 112, 115, 116-117, Sha Wellness Clinic © Antonio Terron - pág. 118, 124 (arriba), 125, 126-127, Six Senses © Six Senses; pág. 120-121, 124 (abajo), Six Senses © Assaf Pinchuk Photographer Apinchuk.com - pág. 128-139, Forestis © Forestis - pág. 140-145, Palace Merano © Altea Software SRL. Marco Sartor - pág. 146-151, Eremito Hotelito del Alma © Marco Ravasini - pág. 153 (arriba a la izquierda), Casa di Sale © Picasa; pág. 153 (arriba a la derecha), Casa di Sale © Casa di Sale; pág. 153 (abajo), 154, Casa di Sale © Paolo Beccari - pág. 156-167, Silver Island Yoga © Silver Island Yoga; pág. 161 (arriba a la derecha), Silver Island Yoga © Jack Fillery; pág. 163 (arriba), Silver Island Yoga © George Fakaros; pág. 165 (abajo), Silver Island Yoga © Fiona E. Campbell - pág. 168, 170-171, 174 (arriba), 175, 176-177, Euphoria Retreat © Stavros Habakis; pág. 173 (arriba), Euphoria Retreat © Margarita Nikitaki 2018; pág. 173 (abajo), 174 (abajo), 178-179, Euphoria Retreat © Euphoria Retreat - pág. 181 (arriba), TheLifeCo © Emre Gologlu; pág. 181 (abajo), 182 (arriba), TheLifeCo © TheLifeCo; pág. 182 (abajo), TheLifeCo © Larien Dijital Medya / Zeyner Isik - pág. 184-187, The Yogi Surfer © Fabrice Coiffard - pág. 189, 196-197, Bliss & Stars © Bliss & Stars; pág. 190-191, 192, 194, 195, Bliss & Stars © Teagan Cunniffe - pág. 198-209, Joali Being © Joali Being - pág. 210, 213, Somatheeram Ayurvedic Health Resort © Benjamin Kurtz; pág. 212, 215, 216-217, 218, 219, Somatheeram Ayurvedic Health Resort © Somatheeram Ayurvedic Health Resort - pág. 221, 222-223, 224 (abajo), 226-227, 228 (arriba), 229 (arriba), 230-231, Ananda © Ananda; pág. 224 (arriba), Ananda © Roso Photography; pág. 228 (abajo), Ananda © Latitude Photography; pág. 229 (abajo), Ananda © Chris Caldicott - pág. 233, 234, 235 (abajo), 236, 238-239, 240 (abajo), 241, Ulpotha © Ulpotha; pág. 235 (arriba), Ananda © Peter Blaesild for Ulpotha; pág. 240 (arriba), Ulpotha © Hasselblad H6D - pág. 243 (arriba), 245 (abajo), Surya Lanka Ayurveda Retreat © Surya Lanka Ayurveda Retreat; pág. 243 (abajo), Surya Lanka Ayurveda Retreat © Ami Elsius; pág. 245 (arriba), Surya Lanka Ayurveda Retreat © Hamish John Appleby - pág. 247 (arriba), 248-249, 250, 253, 256, 257 (arriba), Chiva Som © Chiva Som; pág. 247 (abajo), Chiva Som © Antoniosaba; pág. 252 (arriba), 254-255, Chiva Som © Francisco Guerrero; pág. 252 (abajo), Chiva Som © Aboutfoto.com; pág. 257 (abajo), Chiva Som © Kiattipong Panchee - pág. 259, 260, Suan Sati © Suan Sati - pág. 263, 264 (abajo), 268 (abajo), Kamalaya Wellness Resort © Kamalaya Wellness Resort; pág. 264 (arriba), 266-267, 268 (arriba), 269, Kamalaya Wellness Resort © Ralf Tooten - pág. 271-279, Como Shambhala Estate © Martin Morrell.

Este libro ha visto la luz gracias a:

Émilie Veyretout, autora

Emmanuelle Willard Toulemonde, diseño

Patricia Peyrelongue, traducción

Carmen Moya, corrección de estilo

Berta de March, revisión de estilo

Roberto Sassi, responsable de edición

DE LA MIS

Atlas

Atlas de climas extremos
Atlas de las curiosidades geográficas
Atlas de vinos insólitos

Libros de fotografía

Cines abandonados en el mundo
España abandonada
Estados Unidos abandonado
Iglesias abandonadas - Lugares de culto en ruinas
Japón abandonado
Patrimonio abandonado
Venecia desde el cielo
Venecia desierta

In inglés

Abandoned Asylums
Abandoned Australia
Abandoned Italy
Abandoned Lebanon
Abandoned USSR
After the Final Curtain - The Fall of the American Movie Theater
After the Final Curtain - America's Abandoned Theaters
Baikonur - Vestiges of the Soviet space programme
Chernobyl's Atomic Legacy
Forbidden Places
Forbidden Places - Vol.2
Forbidden Places - Vol.3
Forgotten Heritage

Guías «30 experiencias»

Ámsterdam - Guía de las 30 mejores experiencias
Barcelona - 30 experiencias
Kioto - Guía de las 30 mejores experiencias
Lisboa - 30 experiencias
Soul of Atenas - Guía de las 30 mejores experiencias
Soul of Berlín - Guía de las 30 mejores experiencias
Soul of Los Angeles - Guía de las 30 mejores experie
Soul of Marrakech - Guía de las 30 mejores experie
Soul of Nueva York - Guía de las 30 mejores experie
Soul of Roma - Guía de las 30 mejores experiencias
Soul of Tokyo - Guía de las 30 mejores experiencias
Soul of Venecia - Guía de las 30 mejores experiencia

TORIAL

Guías insólitas y secretas

Ámsterdam insólita y secreta
Barcelona insólita y secreta
Berlín insólito y secreto
Bruselas insólita y secreta
Buenos Aires insólita y secreta
Ciudad de Mexico insólita y secreta
Costa Azul insólita y secreta
Estambul insólita y secreta
Florencia insólita y secreta
Granada insólita y secreta
Lisboa insólita y secreta
Londres insólita y secreta
Los Ángeles insólita y secreta
Madrid insólita y secreta
Milán insólita y secreta
Nueva York insólita y secreta
París insólita y secreta
Praga insólita y secreta
Río insólita y secreta
Roma insólita y secreta
Santiago insólito y secreto
Sevilla insólita y secreta
Tokio insólita y secreta
Venecia insólita y secreta
Viena insólita y secreta

In inglés
Secret Bali – An unusual guide
Secret Bangkok
Secret Bath – An unusual guide
Secret Belfast
Secret Brighton – An unusual guide
Secret Brooklyn
Secret Cape Town
Secret Copenhagen
Secret Dolomites
Secret Dublin – An unusual guide
Secret Edinburgh – An unusual guide
Secret Geneva
Secret Glasgow
Secret Helsinki
Secret Johannesburg
Secret Liverpool – An unusual guide
Secret New Orleans
Secret New York – Curious Activities
Secret New York – Hidden Bars & Restaurants
Secret Potsdam
Secret Provence
Secret Singapore
Secret Sussex – An unusual guide
Secret Tuscany
Secret York – An unusual guide

Depósito legal: Mayo 2024 – Edición: 01
ISBN: 978-2-36195-772-8
Impreso en Slovaquia por Polygraf